AF365981

GÉNÉALOGIE

DE LA FAMILLE

DE

LA GORGUE-ROSNY

Paris.   Typographie de Ad. Lainé et J. Havard, rue des Saints-Pères, 19.

GÉNÉALOGIE

DE LA FAMILLE

DE

LA GORGUE-ROSNY

PARIS

LIBRAIRIE BACHELIN-DEFLORENNE

3, QUAI MALAQUAIS

—

1868

Cette généalogie est destinée aux membres de ma
famille.

Je ne doute pas qu'ils n'apprennent avec intérêt et
avec plaisir des faits qui les touchent d'une manière
toute particulière et dont la connaissance peut leur
être d'une importance réelle dans bien des circons-
tances de la vie. C'est à ces besoins et en vue de la
rareté ou de la perte possible des manuscrits que ser-
viront les exemplaires imprimés.

Afin de suppléer à la perte de papiers domestiques,
les uns égarés, les autres brûlés sur la place de
Boulogne à l'époque de la révolution, comme le cons-
tatent les archives de cette ville, j'ai dû joindre à
ceux qui nous restent le résultat de recherches dans
les bibliothèques et les archives de Paris et des prin-
cipales villes du nord de la France. Je me suis attaché
dans la seconde partie à exposer les preuves des faits
avancés dans la première ; à une filiation suivie pendant plus de quatre cents ans, j'ai joint des documents relatifs à des personnes vivant plus anciennement ou qui, sans se rattacher d'une manière certaine
aux diverses générations, paraissent néanmoins appartenir à la même maison. En indiquant les sources
auxquelles je les ai puisées, je donne la preuve, je
pense, que j'ai voulu composer un ouvrage sérieux.

1867.

E. DE R.

GÉNÉALOGIE

DE LA FAMILLE

DE LA GORGUE-ROSNY

Les armoiries de cette famille, telles qu'elle les porte aujourd'hui, sont d'*argent à 3 merlettes de sable, 2 et 1. Supports, deux licornes, couronne de comte. Timbre, une licorne issante à mi-corps.*

Jadis ces armes étaient toujours écartelées d'argent à trois coquilles de sable, et elles existaient ainsi dès avant 1430, comme il se voit dans le manuscrit de Waignart à la bibliothèque d'Abbeville, lequel les donne aux descendants des deux fils de Raoul de La Gorgue qui vivait à cette époque et par lequel commence une filiation suivie.

Il est bon de remarquer ici que, dans la presque totalité des actes anciens ou modernes, le nom de cette famille est écrit *de Le Gorgue*, quoique le vieux mot *gorgue*, qui signifie *gorge* en français, soit féminin ; cela vient de ce que autrefois, au moins dans le nord de la France, le mot *La* était presque toujours écrit *le* comme dans cette phrase *les habitants de le ville ;* on a cru devoir même pour un nom de famille revenir à l'usage actuel et mettre le mot *La* devant un substantif qui est féminin. Ajoutons que quelquefois ce mot est supprimé et que le nom est écrit *de Gorgue*, *de Gorge*, et les exemples ne sont pas rares d'une suppression semblable dans les actes anciens pour les noms du même genre.

Dans les actes anciens, la Gorgue, en Flandre, est toujours nommé Le Gorgue, ou Le Gorghe, ou Le Gorge, en latin *Gorga*. Dans une charte picarde de 1177 on trouve *Gorgus* à cause du mot *Le* substitué à *La*, et le génitif *Gorgi*, traduction de *de Le Gorgue*. Dans une autre de 1217 ce nom est traduit par *gula*, ablatif de *gula* qui signifie gorge, et c'est ainsi que l'a entendu M. le marquis Le Ver dans ses tables des noms du cartulaire de l'abbaye du Gard. La différence dans l'expression latine du même nom n'a rien de surprenant; la personne qui paraissait dans un acte donnait son nom dans sa langue, qui était la française, et l'écrivain qui rédigeait l'acte en latin le traduisait comme il le savait ou le voulait.

Si, comme cela sera développé plus loin, la Picardie et surtout le Ponthieu et le Vimeu ont été la demeure la plus ordinaire de la famille de La Gorgue, d'où elle est venue ensuite s'établir dans le Boulonnais, il paraît hors de doute qu'elle n'en était pas originaire, mais de la Flandre ou de l'Artois, car la petite ville de La Gorgue, sur la rivière de La Lys à la frontière de la Flandre et de l'Artois et jadis à l'Artois, fut définitivement unie à la Flandre dans le treizième siècle par l'acquisition qu'en fit Margueritte, comtesse de Flandre. Cette ville ou bourg avait ses seigneurs particuliers à l'origine des fiefs, et, quand l'usage des surnoms ou noms de famille s'établit, ils prirent celui de leur seigneurie et donnèrent commencement à la famille de La Gorgue, avant les temps éloignés où elle appartenait à la maison de Béthune. Il est bien vrai que l'on trouve un Robert de Béthune, seigneur de La Gorgue, dès 1190. Mais la maison de Béthune posséda aussi les terres de Tenremonde, de Ricquebourg et autres, ce qui n'empêche pas qu'il n'ait existé d'anciennes maisons portant les mêmes noms, issues des premiers seigneurs qui possédaient ces fiefs avant les Béthune. L'existence de cette famille au treizième siècle est prouvée par les testament et codicille de Mahaut de Béthune, comtesse de Flandre, de 1250 et février 1260, et par le testament de Blanche de Sicile, sa belle-fille, femme de Robert son fils aîné, du mois de juillet 1269, dans lesquels ces deux princesses font divers dons à *Simon de La Gorgue*, à *Bauduin de La Gorgue* et à *Mahaut de La Gorgue*; et ces dons sont égaux et même supérieurs à ceux qu'elles font à d'autres personnages considérables du même pays, tels que la fille du seigneur Jehan de Béthune, Alardin d'Armen-

tières, Margueritte d'Armentières, Henry de Messines, Roussel de
Bruay, le fils de monseigneur Wautier de Lé Douvie, filleul de la
comtesse, Willaume d'Armentières, Pierre d'Autel, Jacquemin
de Ricquebourg, Gérard de Ferrières, Marie de Baudour, Mehaut
de Colombi, Margot d'Arras, Mehaut d'Estaires;..... la princesse
Blanche de Sicile donne à *Mahaut de La Gorgue* la qualité de
demoiselle. Il semble donc d'après cela que cette famille occupait
auprès des comtes de Flandre un rang noble et distingué.

Une preuve de plus que la famille *de La Gorgue* était issue des
premiers seigneurs de cette ville se trouve dans la similitude des
armoiries; en effet, dans l'Armorial général de France, les armes de
la ville de *La Gorgue* sont désignées *d'azur semé de coquilles d'or,
au chef d'argent chargé d'un lion naissant de sable*. Les armes du
chef sont celles de Flandre, ce qui indique que La Gorgue faisait
partie de ce comté, de même qu'Abbeville reçut les armes de
France en chef, à cause de sa fidélité à la couronne; mais les
véritables armes anciennes sont les coquilles, et l'on vient de voir
que les coquilles se trouvaient dans celles de *Raoul de La Gorgue*.

Mais, quoique originaire de la Flandre ou de l'Artois, car *La
Gorgue* a aussi appartenu à l'Artois, cette famille a beaucoup plus
paru dans le comté de Ponthieu et dans le Vimeu; il existe en
effet dans la collection des manuscrits de D. Grenier, paq. 9,
art. 3 A, à Paris, une copie d'une charte de l'an 1177, par laquelle
Simon de Machi fait une donation à l'abbaye de Valoires dans
laquelle *Alulphe de Le Gorgue* de Machi, c'est-à-dire seigneur en
partie de Machi, est témoin en même temps que Dreux de Ponches, Godard de Cambron, Guy de Mons, Évrard de Longvillers,
Eudes de Baumès, Gérard de Roslers. Cette charte se trouve aux
archives du département de la Somme, à Amiens, dans le cartulaire de l'abbaye de Valoires. Aux mêmes archives, existe une
charte par laquelle Willaume de Le Gorgue et Béatrix, sa femme,
font donation à l'abbaye du Gard de tous leurs droits sur les moulins, eaux, pêcheries données peu auparavant à cette abbaye par
Dreux de Sessolieu, dont ledit Willaume tenait un fief. Cette
charte est du mois de mars 1217. De plus cette province contenait
plusieurs fiefs du nom de La Gorgue ou Gorge; il y en avait deux
à Airaines, dont l'un était fief de sergenterie noble, cité dans plusieurs actes et mentionné par D. Grenier; il y en avait une autre
faisant partie de la seigneurie de Halloy, près Doullens, lequel
est indiqué dans l'ouvrage de M. Bouthors sur les coutumes
locales du bailliage d'Amiens; il y avait encore la seigneurie de

Gorge tenue de Domart, le fief de Gorge à Lanchères. Il y a un bois nommé La Gorgue dépendant d'Allonville, près Amiens. (*Dictionnaire topographique du département de la Somme,* par M. Garnier.) De plus, il résulte de mémoires particuliers qu'il existait, en 1400, des personnes de ce nom à Airaines. Il est donc apparent que quelques membres de la famille des anciens seigneurs de La Gorgue, en Flandre, vinrent fort anciennement s'établir dans le Ponthieu et donnèrent leurs noms à quelques fiefs qu'ils possédaient, parmi lesquels étaient au moins ceux à Halloy et à Airaines. Le fait d'être témoin dans une charte à une date aussi reculée que 1177 et celui de posséder des fiefs dans ces temps anciens font voir encore l'origine noble de cette famille.

Il est à noter que dans un aveu du fief situé à Airaines, de l'an 1505, il est nommé tantôt *Gorge,* tantôt *George,* d'où on peut conclure que ce nom s'écrivait quelquefois *Georges ;* et en effet il existe dans la collection de D. Grenier, paq. 14, art. 5, parmi les titres de l'abbaye de Bertaucourt qui n'est pas éloigné d'Abbeville, une donation de l'an 1280 par Dreux d'Amiens à cette abbaye dont un des témoins est *Robert Georges,* chevalier. Ce nom de *Georges* se retrouve dans quelques rôles de la collection Gaignaires. Ainsi on y voit *Ursin Georges,* homme d'armes des ordonnances en 1495, 1515, 1519 ; *Robert Georges,* archer des ordonnances en 1495 ; *Jean Georges,* archer des ordonnances en 1501, 1512, 1525 ; *Henry Georges,* archer des ordonnances en 1507, 1509 ; *Hiéronime George,* homme d'armes des ordonnances en 1526. C'est une simple remarque dont je ne tire pas de conséquences.

Pour se borner à parler des personnes qui ont porté le nom *de La Gorgue,* on vient de voir qu'établis dans le Ponthieu dès l'an 1177, ils ont possédé anciennement des fiefs de leur nom ; on peut en conclure qu'ils ont suivi la carrière militaire qui était alors une obligation des fiefs. Outre ceux qui vivaient à Airaines en 1400, il y en avait d'autres à Rue et aux environs, possesseurs de fiefs tenus du roi à Rue et qu'ils se transmirent de père en fils jusqu'en 1560 au moins. On commencera la généalogie à *Raoul de La Gorgue,* à partir duquel on a une filiation suivie.

1. RAOUL DE LA GORGUE, écuyer, sergent d'armes du comté de Ponthieu et gardien de la ville d'Abbeville, paraît depuis 1430 jusqu'en 1469, selon des mémoires de famille, ceux de l'abbé Buteux et autres documents, qui disent que ces sergents d'armes étaient de vieux militaires, ordinairement étrangers, attachés à des villes pour les défendre, apprendre aux bourgeois l'exercice du temps et les commander. Le 3 décembre 1457, il fut reçu en qualité de gardien de la ville d'Abbeville par le mayeur Jean de Limeu et les échevins, suivant les registres aux délibérations de l'échevinage de cette ville existants aux archives de l'hôtel de ville; ces registres en font encore mention aux années 1459, 1460, 1461, avec la qualité de sergent du roi notre sire, et gardien de la ville d'Abbeville; il était certainement mort en 1472.

Le P. Daniel, dans son *Histoire de la milice française,* dit que les sergents d'armes étaient tous gentilshommes, et même des gens de qualité, et qu'on leur confiait ordinairement la garde des châteaux de la frontière. La qualité de sergent du roi était à peu près équivalente à celle de sergent d'armes; on trouve en effet un Henry de Bainast qualifié sergent d'armes à Abbeville, fort renommé, dans un mémoire de la collection de D. Grenier; le même est qualifié sergent du roi dans une sentence des élus de Ponthieu de 1422. C'est aussi le sentiment de Du Cange qui, dans son *Glossaire,* entre autres preuves, cite ce passage, t. VI, p. 428 : « *Servientes regis dicuntur regii apparitores qui aliàs servientes ar-* « *morum dicuntur.*»

La collection des ordonnances des rois de France donne de nombreuses lettres de sauvegarde dans lesquelles sont détaillées les fonctions de ces sortes de sergents qui consistaient à protéger et défendre, soit par les armes, soit comme officiers de justice, les villes, abbayes et communautés dont ils étaient établis gardiens; parmi les nombreuses citations qu'on pourrait faire on en choisira quelques-unes prises dans le pays lui-même. Jean de Dommart, Pierre de Bouberch et Jean de Hallencourt, sergents du roi en la baillie d'Amiens, sont nommés gardiens de la ville d'Abbeville par lettres du roi Philippe de Valois, du mois de décembre 1349. (*Ord. des rois de France,* t. V, p. 270.) Les deux premiers avaient été nommés, au mois de décembre 1350, gardiens des ville et abbaye de Saint-Ricquier (*id.,* t. IV, p. 26), et sont remplacés en cette qualité par lettres du mois de novembre 1366, par Jean de Buigny, Jean de Sarton, Bernard de Leures, Guillaume de Hesdin, sergents du roi au bailliage d'Amiens (*id.,* t. VI, p. 683), Huart de Mailly et Robert de Bournonville, sergents du roi au bailliage d'Amiens en 1335. Guillaume de Wignacourt était sergent du roi en la prévôté de Beauquesne en 1474.

Les *Olim*, ou arrêts de la cour du roi, donnent beaucoup de détails sur les faits et fonctions militaires des sergents du roi. Le Glossaire français de Sainte-Palaye, au mot *Sergent*, fait cette citation : « Sergens li roi ou sergens du roi, gentilshommes bien qualifiés. »

Ces sergents scellaient de leurs sceaux leurs ajournements; il en était de même des sergents fieffés ou possesseurs d'un fief de sergenterie tel qu'était celui de *La Gorgue* à Airaines; ils remplissaient à cause de leur fief les fonctions de sergent dans le bailliage ou prévôté dans lesquels ils étaient situés, et leur service militaire avait toujours quelque rapport avec cet office, comme de garder les maisons des chevaliers qui avaient forfait contre leur seigneur, de garder les prisonniers, etc. (Voy. le P. Daniel et le *Glossaire* de Du Cange au mot *Sergent,* où se trouvent beaucoup de détails sur les sergents fieffés.)

Dans les divers ouvrages qui viennent d'être cités on trouve les fonctions de sergent d'armes, sergent du roi, sergent fieffé, remplies par des personnes dont les noms indiquent qu'ils appartenaient à des familles distinguées.

Raoul de la Gorgue laissa au moins deux fils : 1° Nicolas, écuyer, qui paraît dans l'acte de 1472 dont il sera parlé plus loin, et fut père , selon l'abbé Buteux et M. du Groriez, de Wilmer ou Wilmet de La Gorgue , qui demeurait sur la paroisse Saint-Vulfranc d'Abbeville, en 1493, et était seigneur d'un fief à Saint-Maxent, et de Eustache, vivant en 1486, et dont on ne connaît pas la postérité; 2° Jean, qui suit.

2. JEAN DE LA GORGUE , écuyer, était encore censé étranger à Abbeville ainsi que son frère Nicolas, parce que leur père l'était ; ils demandèrent la bourgeoisie de cette ville et furent reçus gratuitement et honorablement à cause des services que leur père Raoul avait rendus à la ville. Cet acte de réception est mentionné dans les mémoires de l'abbé Buteux qui l'avait vu, et dans les registres des argentiers sous l'an 1472; on y voit que leur père était mort alors. On trouve dans les mêmes registres que, quatre ans après, Jean de Bouberck, lieutenant du bailli d'Abbeville, et auparavant lieutenant du sénéchal de Ponthieu, reçut aussi la bourgeoisie gratuitement *pour avoir fait plaisir à la ville esdits offices.*

Un mémoire de famille mentionne aussi cet acte de réception. Ledit Jean paraît en 1484 et 1486 et vivait encore en 1510. Il fut père
de Jacques, qui suit.

3. JACQUES DE LA GORGUE, seigneur de fiefs nobles à Saint-
Maxent et à Longuet, ainsi qu'il résulte du contrat de mariage de
Nicolas, son petit-fils, du 25 septembre 1555, devant Gallet et Honoré Le Blond, notaires à Abbeville, fut du nombre des gentilshommes possesseurs de fiefs nobles au bailliage d'Amiens qui
contribuèrent à la rançon du roi François Ier en 1529, selon une
copie du rôle de ces fieffés faite au château d'Hencncourt par
D. Caffiaux, historiographe de Picardie, et faisant partie de la collection de D. Grenier. Il est dit fils de Jean ci-dessus par l'abbé
Buteux et par M. du Groriez, et ce dernier ajoute qu'il mourut en
1531. Il épousa demoiselle Marie Le Moictier, qui portait de
gueules au chevron d'or à 3 gerbes d'or, 2 et 1, fille de Christophe
et de Marie du Quesmont, et dont un des ancêtres, Laurens Le
Moictier, avait été mayeur d'Abbeville en 1203 ; il en eut : 1° Jacques, dont il sera parlé p. 23 ; 2° Jean, qui suit ; 3° Nicolas, dont
la postérité sera donnée après celle de son frère Jacques, p. 25.

4. JEAN DE LA GORGUE, seigneur de Retonval et de fiefs nobles
à Saint-Maxent et à Longuet, échevin d'Abbeville en 1534 et 1535,
était un des trois fils de Jacques et de Marie Le Moictier, comme
il résulte du contrat de mariage de Marie de La Gorgue sa nièce,
du 7 juin 1552, et de celui de Nicolas de La Gorgue, son neveu,
du 25 septembre 1555, et d'autres documents. Abbeville était
une des villes de France dont les mayeurs et échevins jouissaient
de la noblesse héréditaire, par lettres du roi Charles V, du mois
de novembre 1380. Il comparut en 1530 au ban et arrière-ban
pour ses fiefs. Dans une autre convocation du ban et arrière-ban,
du 16 septembre 1557, par-devant le bailli d'Amiens, il comparaît au nombre des gentilshommes pour ses deux fiefs à Longuet ;
et aussi pour deux autres fiefs de la prévôté du Vimeu, l'un situé
à Bouillencourt en Séry, l'autre tenu de la seigneurie de Saint-
Maxent (Arch. de l'hôtel de ville d'Abbeville). Il comparaît encore
pour ses fiefs en 1550. Le 15 juin 1552, il fait aveu de deux nobles
fiefs au terroir de Bouillencourt en Séry, et, le 14 mars 1560, un
autre aveu des mêmes fiefs non reçu (Inventaire de 1658). Il testa
le 18 février 1562, était mort en 1563, et fut inhumé avec sa
femme dans l'église Saint-Gilles d'Abbeville , chapelle Saint-

Nicolas. Il épousa devant le Devin, auditeur à Abbeville, le 14
janvier 1530, demoiselle Henriette Aliamet, dame de Retonval, qui
*portait d'or à 3 chevrons de gueules chargés chacun de 5 roses
d'or*, fille de Nicolas, seigneur de Retonval et d'un fief à Biencourt, et de demoiselle Marie de Cannesson. De cette famille était
Jean Aliamet, archer des ordonnances du roi sous le bâtard de
Longueval, qui passe la revue à Amiens le 21 janvier 1482 (Archives
à Paris). Il fut père de : 1° Jacques, dont il sera parlé plus loin ;
2° Jean, qui suit ; 3° Marie, alliée d'abord avant 1560 à Guillaume
Pérache, d'où Michel, Sainte, Marie et Anne Pérache, qui vivaient
en 1563, ensuite à Jean Langlais, qui portait *d'argent à 3 triples
faces d'azur au chef de gueules au lion rampant d'argent*, d'où
Adrien et Jean Langlais ; de cette famille étaient Renaud, Robert,
Guillaume et Gilbert Langlais, qui paraissent en Ponthieu dans des
chartes du douzième siècle, ainsi que Gontier, Hugues et Allard
Langlais, mayeurs d'Abbeville en 1191, 1199 et 1201 ; 4° Jeanne,
mariée à Jean Crignon qui portait de gueules à 3 crignons d'or 2
et 1, fils de Nicolas et de Gabrielle d'Aboval ; 5° Marie, mentionnée dans le testament de sa mère de 1563, morte sans alliance.

5. JEAN DE LA GORGUE, seigneur de Retonval, Rony ou Rosny,
Saint-Éloi, argentier de la ville d'Abbeville en 1588, lieutenant
du receveur de Ponthieu avant 1570. On croit que c'est lui qui
était échevin d'Abbeville le 16 octobre 1576 (Arch. de l'hôtel de
ville d'Abbeville). Il comparaît aussi au ban et arrière-ban de Ponthieu en 1569 pour un fief à Bouillencourt en Séry, qui était le
fief de Retonval à lui donné par le testament de sa mère en 1563.
Il fit avec ses frères et sœurs une fondation en l'église Saint-Gilles
d'Abbeville pour le repos de l'âme de leurs père et mère, le 17
mars 1576 ; il était tuteur, en 1593, de André de Blottefière,
écuyer, seigneur de Rumetz, son neveu à la mode de Bretagne
(Coutumes de Ponthieu, t. I, p. 271). Après avoir fait plusieurs
testaments, dont le dernier est du 28 janvier 1628, il mourut vers
ce temps, âgé de 94 ans, et fut inhumé avec sa femme dans la
chapelle Saint-Nicolas de l'église Saint-Gilles. Il avait épousé, vers
1576, demoiselle Françoise Mourette, qui eut le fief de Rôny du
don de son oncle, François Mourette, seigneur de Maisons et de
Cumont, fille de Mathieu, seigneur de fiefs à la Neuville, échevin
d'Abbeville en 1563, et de demoiselle Roberte Le Canu. Ladite
Françoise Mourette portait *de sinople à 3 amourettes d'argent*, et
son père était fils de François Mourette, seigneur de Rony, de

fiefs au Mesnil-Heudain et à Mérélessart, échevin d'Abbeville de
1523 à 1538, et de demoiselle de Leplanque. De cette famille était
Ricart Mourette, demeurant à Port-en-Vimeu, qui paraît dans
une charte d'un cartulaire de Ponthieu et du Vimeu du mois de
décembre 1311. Il fut père de : 1º François, seigneur de Rosny,
mort sans alliance ; 2º Jean, qui suit ; 3º Antoinette, mariée avant
1597 à Jean de Gomaire, fils de Charles et de demoiselle Marguerite du Four, fut mère de Jean de Gomaire, chanoine de Saint-
Vulfranc en 1649 ; Jean de Gomaire est qualifié conseiller en cour
laie en 1507, dans les coutumes locales du bailliage d'Amiens ;
4º Marie, mentionnée comme sa sœur Antoinette dans le testament de ses père et mère, mariée par contrat du 4 janvier 1597,
devant François Descaules, notaire à Abbeville, à François Rohaut, seigneur d'un fief à Vercourt, qui portait *d'azur au chevron
d'or à 3 croissants d'or 2 et 1*, fils de Bernard, seigneur dudit fief,
capitaine du guet à Abbeville, et de demoiselle Georges Lebel, fils
lui-même de Guillaume Rohaut, mayeur d'Abbeville en 1553, et
de demoiselle Marie de Beaufort ; elle fut mère de François Rohaut ; 5º Margueritte, mentionnée aussi dans le testament du 14
octobre 1615, mariée avant 1610 à Nicolas de Boulogne, seigneur
du Hamel, fils de Jean, seigneur du Hamel, et de Catherine Machart, lequel portait de gueules à la croix plaine d'argent canton-
née au 1 et 4 d'un aigle éployé d'argent au 2 et 3 d'une licorne
rampante d'agent ; Dreux de Boulogne fait une donation à l'abbaye
de Selincourt vers 1200, et il y a eu plusieurs hommes d'armes et
archers des ordonnances de ce nom ; 6º Françoise, mentionnée
dans le même testament, mariee le 3 ou 13 janvier 1608 à Jacques Cornu, qui portait de *gueules à l'orle d'argent*, fils de Henry
et de demoiselle Marguerite du Four. Jean Cornu, écuyer, demeurant à Ailly, en 1398, père de Henry, seigneur d'Ambreville,
échevin d'Abbeville en 1433.

6. JEAN DE LA GORGUE, seigneur de Retonval, Rôny, Saint-Éloi,
est aussi mentionné dans le testament de ses père et mère du 14
octobre 1615 ; il possédait, dès 1613, le fief noble de Retonval,
pour lequel il comparut au ban et arrière-ban en 1645, suivant un
manuscrit des archives d'Abbeville intitulé ban et arrière-ban. Il
épousa, le 22 mai 1620, devant Descaules, notaire à Abbeville, demoiselle Marguerite de La Garde, fille de François, écuyer, seigneur
de Faveilles, et de demoiselle Jacqueline de Chérie, qui portait
d'azur à la tour d'or enflammée de gueules et descendait de Jean

de la Garde, seigneur des Hiraux et de Wateblérie en 1424, père
de Jean, écuyer, seigneur de Béhen ; elle fut inhumée ainsi que
son mari en la chapelle de Saint-Nicolas de l'église Saint-Gilles
d'Abbeville, étant morte le 27 avril 1652, et son mari le 19 juin
1658. De ce mariage vinrent : 1° Jean, qui suit; 2° François, seigneur de Retonval, mort sans enfants après 1648 ; 3° Jacques, seigneur de Retonval, qui donna lieu à une branche de ce nom;
4° Philippe, seigneur de Saint-Éloy, qui donna aussi lieu à une
autre branche ; 5° Françoise, mentionnée dans le testament de
ses père et mère du 25 juillet 1650, mariée le 27 juin 1642 devant
Richard Le Vasseur, notaire à Abbeville, à François de Ray, écuyer,
seigneur d'Auchy et du Tilleul qui portait *d'azur au chevron d'or
accompagné en chef de 2 molettes de même et en pointe d'un fer
de moulin d'argent*, fils de Antoine, écuyer, seigneur d'Auchy,
lieutenant de l'élection de Doullens, et de demoiselle Antoinette
Hermant, dont postérité; Jean de Ray est témoin d'une charte de
1167, citée dans le cartulaire de Selincourt ; 6° Hippolyte, mariée
d'abord le 10 août 1649, devant Louis Dacheux, notaire à Abbeville,
à Daniel de Lespine, écuyer, seigneur de Saint-Georges, chevau-
léger de la garde du roi, demeurant à Abbeville, paroisse Sainte-
Catherine, qui portait *d'or une épine à 3 racines de sinople*, fils
de défunt Antoine, écuyer, seigneur dudit lieu, et de demoiselle
Rachel Massue, issu de Thomas de Lespine, vivant en 1507,
écuyer, reconnu noble, allié à Marie de Malfiance ; de ce mariage
vint Margueritte de Lespine, femme de Richard Damoiseau, écuyer,
seigneur de Chavannes, puis de messire Charles de Violaine, chevalier, seigneur de Mignus et de Brèves. Érard de Violaine, écuyer,
demeurait à Montauban en 1402. Hippolyte de La Gorgue épousa
en deuxièmes noces messire Daniel de Violaine, écuyer, seigneur
de la cour de Beauté, qui fut chevalier de Saint-Louis, brigadier
des armées du roi et gouverneur de Philippeville et de Dinant ; ce
mariage fut célébré le 25 avril 1660 à l'église Saint-Gilles; Daniel
de Violaine portait *d'azur à une fasce d'argent accompagnée en
chef de 3 étoiles d'or et en pointe un croissant d'argent surmonté
d'une étoile d'or ;* 7° Margueritte de La Gorgue, citée dans le testament de ses père et mère du 8 août 1648, mariée le 19 novembre 1669, devant Louis Dacheux, notaire à Abbeville, à noble
homme François Vildor, seigneur d'Estogny, Auxeul Saint-Sablier,
demeurant au Tréport ; fils de Jean et de Catherine Le Maistre,
lequel portait *d'argent à la bande de sable chargée d'une ville d'or
et accompagnée de 2 tourteaux d'azur, un en chef, l'autre en pointe ;*

elle fut mère de François Vildor, écuyer, seigneur de Rufey, gendarme de la garde du roi en 1702.

7. JEAN DE LA GORGUE, seigneur de Rôny, marié le 9 octobre 1653, devant Antoine de Boulongue, notaire à Abbeville, à demoiselle Marie Lallemant, dame d'un fief à Fresneville, qui portait *d'azur au chevron d'or accompagné de 3 roses d'argent 2 et 1,* fille unique et orpheline de Jean, seigneur dudit fief, lieutenant de la châtellenie de Saint-Valery, et de demoiselle Françoise de Postel du Mesnil. On trouve de ce nom de Lallemant grand nombre de chevaliers, sergents d'armes, hommes d'armes et archers des ordonnances du roi du quatorzième au seizième siècle. Jean de La Gorgue, toujours qualifié noble homme fils de noble homme Jean de La Gorgue, seigneur de Retonval, eut grand nombre d'enfants ; il mourut le 17 novembre 1680, et fut inhumé en l'église Sainte-Catherine d'Abbeville, en présence de ses frères Jacques de La Gorgue de Retonval, et Philippe de La Gorgue, écuyer, seigneur de Saint-Éloy, capitaine au régiment de Bourgogne, et sa femme y fut aussi inhumée le 24 août 1706. Il fut père de : 1° Jean-Baptiste, né le 26 juillet 1654, mort et inhumé à Saint-Gilles, le 14 mai 1670 ; 2° François, seigneur de Rosny, né le 31 décembre 1657, mort sans alliance et inhumé dans l'église Sainte-Catherine, le 18 septembre 1674, en présence de son père et de M. de Retonval, son oncle ; 3° Jacques, né le 15 janvier 1663, mort le 3 janvier 1669 et inhumé en l'église Sainte-Catherine ; 4° François-Louis, seigneur de Rosny, né le 11 octobre 1664, mort peu après son père ; 5° René-Nicolas, né le 11 février 1668, mort jeune, avant 1673 ; 6° Jacques-François, qui suit ; 7° Jean, seigneur d'Hornicourt, né le 9 janvier 1671, mort sans alliance au commencement de 1705 ; 8° Nicolas, connu sous le nom de Saint-Éloy, né le 31 mars 1672, capitaine au régiment de Boulonnais, puis à celui de Tournon, fut tué au service du roi, en 1704, dans la guerre contre les protestants dans les Cévennes, sans alliance ; 9° Marie, née en 1656, mariée le 30 décembre 1685 devant Louis Dacheux, notaire à Abbeville, à Pierre Griffon, écuyer, seigneur d'Escamois, qui portait *de gueules au griffon d'or* et était officier de la vénerie du roi en 1694, fils de noble homme Pierre Griffon, seigneur de Longuerue, et de demoiselle Marguerite d'Oresmieux ; 10° Margueritte, née le 18 juillet 1659, morte sans alliance en 1679, et inhumée en l'église Sainte-Catherine le 30 juin 1679 ; 11° Madelaine, née le 21 avril 1661, mariée le 28 avril 1696 à noble homme

Antoine des Marets, prévôt du Vimeu, qui portait *de gueules à la croix plaine d'argent,* fils de noble homme Charles et de Françoise Lambert, lequel était fils de David, aussi prévôt du Vimeu, que l'on fait descendre de Charles des Marets, capitaine de Rambures en 1434, capitaine de Dieppe en 1453, capitaine d'une compagnie d'hommes d'armes, lequel fit toute sa vie la guerre aux Anglais ; 12° Marie-Thérèse, née en octobre 1666, mariée le 27 novembre 1710, à l'âge de 44 ans, à noble homme Jacques Retard, bailli de Gamaches, qui portait *d'azur à trois fasces ondées d'argent au chef d'argent chargé de 3 flammes de gueules,* d'une famille ancienne du pays ; elle mourut le 19 novembre 1741 et fut inhumée à Sainte-Catherine ; 13° Thérèse, née en 1668, morte le 24 juin 1676 et inhumée à Sainte-Catherine; 14° Catherine, née le 21 avril 1675, mariée le 26 mars 1709 devant Jacques de Remilly, notaire à Abbeville, à messire Charles Le Vasseur, chevalier, seigneur de Couvigny, aide-major de la ville de Blaye, qui portait *d'argent à la fasce de sable surmontée d'un lion naissant de sable et chargé en pointe de 3 croissants de sable 2 et 1,* fils de messire François, chevalier, seigneur de Neuilly, et de demoiselle Marie Danzel, issu de Pierre Le Vasseur, écuyer, seigneur d'Hiermont, capitaine de Saint-Ricquier en 1518, marié à Claude de Boubers et à Marie Cordier ; on trouve encore parmi les enfants de Jean de La Gorgue Suzanne-Françoise, née en 1674, Antoinette, née en 1676, Marie-Thérèse, née en 1677, Françoise, née en 1679, et Marie-Marguerite, née posthume le 23 février 1681, toutes mortes jeunes.

8. Messire Jacques-François de La Gorgue, seigneur de Rôny, Hornicourt, lieutenant du sénéchal du Boulonnais et président de la sénéchaussée, avait été d'abord conseiller au présidial d'Abbeville en 1694. Il est mentionné dans le testament de ses père et mère du 13 janvier 1673 ; il épousa devant du Sommerard et Gillon, notaires à Boulogne, le 25 septembre 1702, demoiselle Nicole-Antoinette Le Roy de La Marancherie, demoiselle de Surques, qui lui apporta la charge de lieutenant du sénéchal du Boulonnais qu'avait son père ; elle portait *d'or au lion de gueules au chef d'azur chargé de 3 étoiles d'argent,* et était fille de messire Michel Le Roy, écuyer, seigneur de La Marancherie, baron du Val en Surques, et de demoiselle Antoinette Le Roy de Lozembrune. Jacques-François de La Gorgue porta le nom de Rôny ou Rosny, se défit de ses charges, mourut à Abbeville le 17 octobre 1712, et y fut inhumé dans l'église Sainte-Catherine, près de

ses père et mère ; sa femme mourut à Boulogne le 1er octobre
1713 et fut inhumée dans le caveau de sa famille, à la chapelle
Saint-Jean de la cathédrale de Boulogne ; ayant eu quatre enfants,
savoir : 1° Marie-Thérèse, née le 11 juillet 1703, à Boulogne, mariée le 8 octobre 1768 à son cousin germain Antoine-Michel-Joseph Le Roy, écuyer, seigneur de La Marancherie, baron du Val en
Surques, garde du corps du roi, fils de Antoine, baron du Val, et
de dame Anne de Mansel de Nouvilliers ; elle mourut veuve le 24
juillet 1781, au château de Billeauville, chez M. de Rôny, son neveu, et fut inhumée dans le cimetière de Wimille ; 2° François-
Antoine-André, qui suit ; 3° Marie-Anne, demoiselle d'Hornicourt,
née à Boulogne le 13 janvier 1709, mourut sans alliance au mois
de novembre 1746 ; 4° Marguerite-Madeleine, née le 30 janvier
1708, morte le 9 novembre 1713 chez madame de Framery, sa
grand'tante, à Ardres.

9. Messire François-Antoine-André de La Gorgue, chevalier,
seigneur de Rosny, né à Boulogne le 10 juillet 1705, major de cavalerie au régiment d'Aumont, troupes boulonnaises, par commission
du 20 mai 1714 ; ces troupes avaient pour officiers les gentilshommes
du pays ; il épousa à Abbeville, le 29 mai 1731, devant de Lignières, notaire, demoiselle Margueritte-Françoise du Val de Soyecourt,
qui portait *d'argent à la fasce échiquetée d'or et de sinople de 2
traits accompagnée en chef de 2 bouquets de coquerelle de gueules et en pointe d'une grappe de raisin de sable tigée et feuillée
de sinople ;* fille de noble homme Nicolas du Val, seigneur de
Soyecourt, conseiller en la sénéchaussée de Ponthieu, et de demoiselle Margueritte-Françoise de Dourlens de Saint-Élier. Il mourut
le 18 juillet 1756, et fut inhumé avec sa femme, qu'il avait perdue
en 1734, dans l'église collégiale de Saint-Vulfranc d'Abbeville ; il
fut père de : 1° Antoine-Nicolas, qui suit ; 2° Pierre-André, né le
18 février 1734 en la paroisse Saint-Gilles d'Abbeville, et mort 6
jours après.

10. Messire Antoine-Nicolas de La Gorgue, chevalier, seigneur
de Rôny, La Gorgue, Bresmes, Moisselles, Billeauville, Lozembrune, Éclemy, La Capelle, Coltehen, La Haye, vicomte d'Ophove,
baron du Val en Surques, né à Abbeville le 25 août 1732, se fixa
en Boulonnais comme son aïeul par suite de son mariage ; il reçut plusieurs convocations du sénéchal du Boulonnais pour assister aux assemblées de la noblesse de cette province, en date de
1769, 1777, 1778, 1779, 1780 .... Il assista à l'assemblée de la no-

blesse du Calaisis en 1789, pour la nomination d'un député aux états généraux, et à celle de Paris par procureur ; il habita le château de Billeauville près Boulogne, puis celui de Hames, près Guines ; fut mis en arrestation pendant la Révolution et envoyé à Arras dont il parvint à s'échapper, revint au Boulonnais, puis habita Paris où il mourut le 12 avril 1804. Il avait épousé en premières noces, le 11 novembre 1765, devant Peincedé et Dublaisel, notaires à Boulogne, demoiselle Caroline-Françoise-Louise-Judith de Thosse, qui portait *de gueules au chevron d'argent, cantonné de 3 étoiles d'argent 2 en chef 1 en pointe; cette dernière surmontée d'une alouette d'or tenant en son bec un épi de blé d'or;* fille mineure de défunt messire Jacques-François de Thosse, chevalier de l'ordre du roi, écuyer, président de Calais, et de dame Marie-Geneviève-Charlotte de Châteauneuf, lequel descendait de Jean de Thosse, écuyer, capitaine au régiment de Danville en 1580, originaire du midi de la France ; il en eut : 1° Nicolas, qui suit ; en secondes noces il épousa, le 29 octobre 1775, à Saint-Omer, demoiselle Marie-Antoinette-Joséphine-Apolline de Pestre, qui portait *de gueules à une clef d'or posée en pal, accostée de 2 étoiles à 6 rais d'argent,* fille mineure de feu messire Paul Joseph, écuyer, et de dame Claire-Pétronille Ricouart, dame de Buzericq et Herny, dont il eut : 2° Antoine, dont il sera parlé ; 3° Jean-Baptiste-Joseph, qui suivra ; 4° Marie-Antoinette-Joséphine, dite mademoiselle de Rosny, née au château de Billeauville, paroisse de Wimille, le 24 août 1776, morte sans alliance à Abbeville chez son frère aîné, le 29 novembre 1798. Antoine-Nicolas de la Gorgue de Rôny épousa en troisièmes noces, le 25 janvier 1792, à Bienville près Saint-Dizier, demoiselle Antoinette de Thosse, sa nièce, fille mineure de messire Raphaël-Hippolyte-François de Thosse, ancien capitaine de cavalerie, et de dame Antoinette de Roussel, demeurant à Joinville ; il n'eut pas d'enfants de ce dernier mariage.

11. Messire NICOLAS DE LA GORGUE, chevalier, seigneur de Rôny, baron du Val en Surque, né à Boulogne le 7 novembre 1766, émigra dans la Révolution et servit dans l'armée de Condé ; et épousa, le 9 novembre 1794, par contrat, devant Mᵉ Dufour, notaire à Beauvais, demoiselle Eugénie de Pioger, fille unique de messire Eugène-François de Pioger , chevalier, seigneur de Retonval, en Normandie, chevalier de Saint-Lazare et de Notre-Dame du Mont-Carmel, ancien officier et ancien mayeur d'Abbeville, et de dame Marie-Gabrielle-Angélique-Honorée Douville de Souverain. Il

mourut à Paris le 21 mai 1837, et laissa deux enfants : 1° Marie-Caroline, née à Abbeville, le 21 août 1795, mariée à Paris le 2 décembre 1818, à M. Delphin de Gamanson, qui portait pour armes *un arbuste sur fond d'argent*, demeurant au château de Gamanson, à quelques lieues de Périgueux, fils de N. de Gamanson, chevalier, et de la fille du marquis de Fayolle ; 2° Antoine-Henry, qui suit.

12. ANTOINE-HENRY DE LA GORGUE DE RÔNY, né à Abbeville le 7 novembre 1796, commença à servir en 1815 dans la maison du roi, était lieutenant au premier régiment des cuirassiers de la reine, en 1816, et devint capitaine commandant de ce régiment et chevalier de la Légion d'honneur. Il est mort sans alliance à Paris, le 11 décembre 1834.

AUTRE BRANCHE.

11. Messire ANTOINE DE LA GORGUE DE ROSNY, chevalier, seigneur de la Haye, fils de Antoine-Nicolas et de demoiselle de Pestre, né au château de Billeauville, le 19 mai 1778, marié en 1813 à demoiselle Louise-Rose de Dixmude de Hame, qui portait *burelé d'or et d'azur au franc quartier de gueules au lion d'argent*, d'une ancienne famille originaire de Flandre, fille de messire Antoine-Louis de Dixmude, chevalier, seigneur de Hame Quéhen..., chevalier de Saint-Louis, lieutenant de roi à Montreuil, et de dame Julie-Marie-Élisabeth-Louise-Gabrielle Le Bel de Boisgenest. Il mourut à son château de Lozembrune, le 12 novembre 1820, laissant trois enfants, savoir : 1° Louise-Eugénie, née à Lozembrune, le 6 janvier 1815, mariée à Wimille, le 20 janvier 1836, à M. Louis-Eugène de La Gorgue de Rosny, son cousin germain, dont postérité ; 2° Armande-Lucie, née à Lozembrune le 16 juin 1816, morte le 29 mai 1824 ; 3° Jean-Baptiste-Léon, qui suit.

12. JEAN-BAPTISTE-LÉON DE LA GORGUE DE ROSNY, né à Lozembrune le 20 novembre 1817, marié à Lille au mois de mars 1844, à demoiselle Sidonie de Maulde de la Tourelle, fille de M. Auguste de Maulde et de dame N. de Forest de Quardeville, d'une ancienne famille originaire du Hainaut, qui porte *d'or à la bande de sable chargée de trois sautoirs d'argent*, et descendait de Wautier, sire de Maulde, vivant en 1139, allié à N. de Saint-Aubert. De ce mariage sont sortis deux enfants, savoir : 1° Marie-Augusta-Léontine ; 2° Jean-Baptiste-Eugène-Arthur, né à Boulogne au mois de juin 1846.

AUTRE BRANCHE.

11. Messire JEAN-BAPTISTE-JOSEPH DE LA GORGUE DE ROSNY, chevalier, seigneur de Lozembrune, fils de Antoine-Nicolas et de demoiselle de Pestre, né au château de Billeauville le 26 février 1780, marié le 25 germinal an XIII, à demoiselle Louise-Lucie de Willecot de Rincquesen, qui portait d'*azur à trois fasces ondées d'or*, fille de défunt messire François-Achille de Willecot, chevalier, seigneur de Rincquesen, Hydrequen, Berguette... pair et maréchal du Boulonnais, officier dans le régiment royal cavalerie, et de dame Marie-Françoise-Charlotte-Geneviève du Mont de Courset, descendant de Antoine Willecot, écuyer, seigneur de Lespinoy, homme d'armes des ordonnances du roi, marié en 1528 à demoiselle Catherine de Reberghe. M. de Rosny fut volontaire royal en 1814, maire de Boulogne par ordonnance royale du 15 mai 1816, membre de la chambre des députés en 1824 pour Boulogne, nommé chevalier de la légion d'honneur le 19 mars 1825, président du collège électoral de Boulogne en 1827, membre du conseil général du Pas-de-Calais en 1829, mort en son château de Billeauville le 12 octobre 1839. Il fut père de : 1° Joseph-Hector, qui suit; 2° Louis-Eugène, qui viendra ensuite; 3° Jean-Baptiste-Antoine-Jules, né à Billeauville le 3 mars 1810, reçu à l'école militaire de Saint-Cyr en 1826, et mort à Billeauville à la fin de cette même année, le 12 octobre 1826.

12. JOSEPH-HECTOR DE LA GORGUE DE ROSNY, né à Boulogne le 6 février 1806, marié le 10 mars 1834 à demoiselle Marie-Victoire du Blaisel du Rieux, qui porte d'*hermines à 5 losanges de gueules posés en fasce*, fille de messire Louis-Charles-François-Benoît du Blaisel, chevalier, seigneur du Rieux, ancien page du roi, ancien colonel de dragons, et de dame Agathe Moullart de Torcy, descendant de Jacques du Blaisel, écuyer, seigneur du Blaisel, en Boulonnais, vivant en 1450, avec demoiselle Marie de Bournonville, sa femme ; de ce mariage vinrent : 1° Marie-Victoire-Juliette, née à Boulogne, le 20 avril 1835, mariée le 18 février 1857 à M. Henry-Adhémar Le Blond du Plouy, demeurant au château d'Ercourt, près Abbeville, qui porte d'*azur au chevron d'or cantonné de 3 roses d'argent*, **2** *et* 1, fils de M. Armand du Plouy et de dame Henriette de Buissy de Fontaine, et petit-fils de messire Marie-Paul-Charles Le Blond, chevalier, seigneur du

Plouy, baron de Vismes, et de dame Marie-Jeanne-Augustine de Belloy-Rogehen; d'où trois filles, Marguerite, Marie-Thérèse et Jeanne du Plouy. Il descend de Jean le Blond, seigneur de Béthencourt-sur-Mer, mayeur de Rue en 1506 : 2° Lucie-Caroline-Claire, née à Boulogne le 18 novembre 1837, mariée le 4 février 1863 à M. Jules-Maurice de la Gorgue de Rosny, son cousin germain; 3° Eugénie-Aimée-Gabrielle, née à Boulogne le 1er octobre 1841, mariée le 16 octobre 1867 à M. Charles-Marie-René, vicomte de Brandt, demeurant au château d'Havernas (Somme), fils de défunt M. Édouard-Marie-Augustin, vicomte de Brandt, et de dame Clémence-Louise-Virginie de Calonne d'Avesnes. Il porte *d'azur à 3 flammes d'argent, 2 et 1*, et descend de Gérard de Brandt, seigneur de la Campe, allié à Anne de Vargelot, d'où Jean, seigneur de la Campe, marié à Saint-Omer, le 25 juin 1560, à Marie de North, fille de Jean, seigneur de Bobrel.

12. LOUIS-EUGÈNE DE LA GORGUE DE ROSNY, né au château de Billeauville, le 13 octobre 1807, lieutenant au premier régiment du génie, se retira du service à la révolution de juillet 1830; marié le 20 janvier 1836 à demoiselle Louise-Eugénie de La Gorgue de Rosny, sa cousine germaine, dont il vient d'être parlé; il en eut deux fils : 1° Jean-Baptiste-Raoul, né au château de Lozembrune le 13 février 1837, mort le 11 mai 1842; 2° Jules-Maurice, qui suit.

13. JULES-MAURICE DE LA GORGUE DE ROSNY, né à Lozembrune le 19 juin 1839, marié le 4 février 1863 à demoiselle Lucie-Caroline-Claire de La Gorgue de Rosny, sa cousine germaine, dont il eut : 1° Marie-Lucie-Isabelle, née à Boulogne le 6 janvier 1864; 2° Joseph-Jean-Baptiste Robert, né à Lozembrune le 8 juillet 1866.

SEIGNEURS DE RETONVAL.

7. JACQUES DE LA GORGUE, seigneur de Retonval, troisième fils de Jean, seigneur de Retonval Rosny Saint-Éloy, naquit vers 1630; il est mentionné dans le testament de ses père et mère, du 25 juillet 1650, dans lequel ils lui donnent les deux fiefs nommés Retonval à Bouillencourt en Séry; il porta le nom de Retonval et épousa, à Abbeville, le 18 janvier 1657, demoiselle Margueritte

de Lattre, qui portait d'*argent au lion de sable*, fille de défunt
Jacques, seigneur du Rosel, et de demoiselle Margueritte Grebent;
il mourut le 30 septembre 1693, et fut père de : 1° Jean, né à Abbeville, paroisse Saint-Gilles, le 8 septembre 1658, mort jeune ;
2° Nicolas, seigneur de Retonval, né le 9 septembre 1664, vivait
en 1680, sans alliance ; 3° Jacques, qui suit ; 4° Jean, né à Abbeville, paroisse Saint-Sépulchre, le 4 juin 1669, mort le 9 novembre 1680 ; 5° Margueritte, née le 1er octobre 1660, sans alliance ;
6° Marie-Anne, née le 30 mai 1672, morte le 14 juillet 1708, sans
alliance.

8. JACQUES DE LA GORGUE, écuyer, seigneur de Retonval, Becquerel, Broutelles, Darnetal, vicomte de Beauvoir-lès-Rue, capitaine
de cavalerie, né à Abbeville, paroisse Saint-Sépulchre, le 23 mars
1667, commença à servir dans la maison du roi en qualité de gendarme, était en 1702 lieutenant au régiment de Lannoy, et devint
prévôt des maréchaux de France en Picardie et à Abbeville ; allié
à Abbeville, le 29 novembre 1706, à demoiselle Marguerite d'Inger,
fille de Charles, écuyer, seigneur de Beauchamp, Becquerel, Broutelle, Darnetal, et de la vicomté de Beauvoir, et de demoiselle
Margueritte Hervy ; elle descendait de Antoine d'Inger, seigneur
de la mairie de Drugy, vivant vers 1520, allié à demoiselle Isabeau
Le Roy d'Argny. Il porta le nom de Retonval, et était mort en
1735, ayant eu pour fille unique Louise-Margueritte, dame de Retonval, Becquerel, Gapennes, Darnetal, et de la vicomté de Beauvoir, née à Abbeville, paroisse Saint-Gilles, le 13 novembre 1707,
mariée, le 6 octobre 1735, à messire Charles d'Arnaud, chevalier,
seigneur, patron de Beaucamp-le-Vieil, Frettemeule, Sérouville,
Cayeu, président de l'élection de Ponthieu, lequel portait *écartelé*
au 1 et 4 de gueules au chevron d'argent, chargé de 2 palmes ados-
sées de sinople et accompagné de 3 besans d'or 2 et 1, au 2 et 3 d'ar-
gent à l'aigle de sable becqué et membré de gueules, le vol abaissé ;
fils de Charles, chevalier, seigneur de Sérouville, Cayeu, Frettemeule, et de dame Marie-Catherine de Calonne des Essarts. Elle
eut trois filles, dont une seule, Charlotte-Margueritte, fut mariée à
messire Henry-François-Eugène Werbier de Chartres, chevalier,
seigneur de Chatenay, chevalier de Saint-Louis, officier des mousquetaires noirs ; ce mariage est du mois de février 1765. Mme de
Chatenay eut une fille, mariée à M. de Rainneville.

SEIGNEURS DE SAINT-ÉLOY.

7. PHILIPPE DE LA GORGUE, chevalier, seigneur de Saint-Éloy, quatrième fils de Jean et de Margueritte de La Garde, né en 1638, est mentionné dans le testament de ses père et mère du 25 juillet 1650, dans lequel ils lui donnent le fief de Saint-Éloi, situé à Bouillencourt en Séry. Il porta le nom de Saint-Éloy, était lieutenant au régiment de la Motte en 1667 ; dans la même année, on le trouve lieutenant d'une compagnie d'infanterie au régiment du seigneur de Saint-Géniès ; lieutenant au régiment de Normandie en 1670, capitaine commandant au régiment de Bourgogne infanterie en 1680, il devint lieutenant-colonel de ce régiment ; il ne vivait plus en 1693 ; marié le 9 août 1662, devant Antoine Lefebvre, notaire à Abbeville, à demoiselle Margueritte de Lengaigne, qui portait *d'or à la croix plaine de gueules chargée en cœur d'une merlette d'argent,* fille de Claude et de demoiselle Margueritte du Mont, lequel descendait de Michel de Lengaigne, vivant en 1540, époux de demoiselle Jacqueline de Bersacque. Ledit Philippe fut père de : 1° Jacques, qui suit ; 2° Marie-Margueritte, dame de Saint-Éloy, née à Abbeville, paroisse Saint-Gilles, le 25 juin 1664, mariée, le 23 mai 1693, à messire Charles de Belleval, chevalier, seigneur de la Neuville et de Boisrobin, qui portait *de gueules à la bande d'or accompagnée de 7 croix potencées dites de Jérusalem, 4 en chef, 3 en pointe ;* veuf de demoiselle Margueritte Le Vasseur de Nœuilly, et fils de François, chevalier, seigneur de la Neuville, et de dame Geneviève de La Rue de Boisrobin ; elle fut mère de Léonard-René de Belleval et d'une fille, dame d'Ambricourt. M. de Belleval descendait de Jean de Belleval, écuyer, homme d'armes des ordonnances du roi en 1514, allié à demoiselle Margueritte Le Caron ; 3° Anne, née le 26 décembre 1666, religieuse en l'abbaye royale d'Épagne, vivait encore dans ce couvent en 1713, sous le nom de madame de Saint-Éloy ; 4° Marie, née le 9 janvier 1669, vivait encore en 1679 ; 5° Philippe, né le 12 janvier 1670 ; 6° Catherine, née le 3 juin 1671, vivait encore en 1679 ; 7° Autre Philippe, né le 17 juillet 1672, vivait encore en 1679 ; 8° Jean, né le 16 juillet 1676, mort jeune ; 9° Marie-Françoise et Marie-Thérèse, jumelles, nées le 20 décembre 1677, mortes jeunes ; 10° Marie-Anne, née le 2 octobre 1680 : on ne voit pas qu'aucun de ces derniers enfants se soit marié.

8. Jacques de La Gorgue, écuyer, seigneur de Saint-Éloy, officier au régiment de Lannoy, capitaine de cavalerie, est mentionné
par M. du Groriez avec ces qualités; mort sans alliance.

AUTRE BRANCHE.

5. Jacques de La Gorgue, seigneur d'un fief noble à Longuet,
fils de Jean, seigneur dudit fief et de Retonval, et de dame Henriette Aliamet, fut échevin d'Abbeville en 1586 et 1592; il épousa,
avant 1563, demoiselle Marie Griffon, qui portait de *gueules en
griffon d'or,* fille de Jean, échevin d'Abbeville en 1552, et de
dame Margueritte de Saveuses, et fit son testament le 9 octobre
1592; il eut de son mariage : 1° Jacques, né à Abbeville, paroisse
Saint-Gilles, le 17 août 1567, prêtre; 2° Josse, qui suit; 3° Margueritte, mentionnée dans le testament de son aïeule en 1563, mariée
le 28 novembre 1579, devant Doresmieux et Boujonnier, notaires
à Abbeville, à Jean Gambier, seigneur de Liercourt, Ligescourt,
échevin d'Abbeville en 1590, fils de Josse, aussi échevin en 1570,
et de demoiselle Guillemette Mauvoisin ; elle fut mère de Jean,
Marie et Margueritte; Jean Gambier portait *d'azur à 2 bandes d'or
cantonnées de 4 étoiles d'argent ;* 4° Adrienne, religieuse à Saint-
Ricquier; 5° Marie, mariée le 21 mars 1581, devant Doresmieux,
notaire à Abbeville, à André Belle, qui portait *d'azur à 3 lunes
d'or,* fils de André, échevin d'Abbeville en 1578, et de demoiselle
Antoinette Gallet, d'où André, Alexandre et Catherine ; 6° Marie,
mariée, le 27 juillet 1600, à Jean de Brucamp, seigneur dudit lieu,
demeurant à Brucamp, lieutenant de Pont-Rémy, qui portait de
sinople au lion d'or armé et lampassé de gueules, d'une ancienne
famille du Ponthieu; 7° Jeanne ; 8° Isabeau, née le 10 juillet 1569,
mariée, le 26 mai 1590, à Claude Bouteiller, lieutenant de Pont-
Rémy, qui portait *d'azur à 3 bouteilles d'or 2 et 1,* fils de Claude
et de demoiselle Marie Douville. Quentin, Antoine et Mahieu
Bouteiller étaient archers des ordonnances du roi, en 1515 (*coll.
Gaignaires*), et Godard et Robert le Bouteiller paraissent dans
des chartres du Ponthieu de 1100 et 1194.

6. Josse de La Gorgue, seigneur du fief de Longuet, marié en
1609, devant Jean Quentin, notaire à Abbeville, à demoiselle Barbe

Macqueron, fille d'Adrien, qui portait d'*or au chevron de gueules à 3 trèfles de sable*, 2 *et* 1 ; il fut père de Jacques, qui suit.

7. JACQUES DE LA GORGUE, seigneur dudit fief, né à Abbeville le 1er mai 1610, mort en 1663, allié à demoiselle Catherine de Ribeaucourt, qui portait *d'argent à la bande de sable, chargée de 3 coquilles d'argent*, fille de Martin et de demoiselle Madeleine Rohaut ; Jacques de La Gorgue comparait à l'arrière-ban pour son fief de Longuet en 1645 (*Archives de l'hôtel de ville d'Abbeville*); il fut père de : 1° Jacques, né le 16 avril 1634, sans alliance ; 2° Jean, né le 28 décembre 1638, sans alliance ; 3° Éloy, né le 6 mai 1643, sans alliance ; 4° Adrien, qui suit ; 5° Jean, né le 23 janvier 1648, sans alliance ; 6° Josse, né le 14 août 1652, sans alliance ; 7° Louis, né le 24 avril 1655, sans alliance ; 8° Isabelle, née le 28 mars 1641, mariée à noble homme Aimé Boisdou, seigneur de la Tour-Landières, ancien garde du corps de S. A. R. feu monseigneur le duc d'Orléans, lequel demeurait à Abbeville en 1682 et portait de *gueules à un B d'argent*. Ladite Isabelle vivait veuve à Bressuire, en Poitou, en 1690, ainsi qu'il est marqué dans l'Armorial général de 1696.

8. ADRIEN DE LA GORGUE, seigneur du fief de Longuet, né le 6 octobre 1645, mort le 5 janvier 1704, marié devant de Remilly, notaire à Abbeville, le 7 août 1678, à demoiselle Marie de Ribeaucourt, fille de Claude et de demoiselle Nicole Fetz. Martin de Ribeaucourt avait été échevin d'Abbeville en 1562, Ricquier de Ribeaucourt l'était en 1591, Jacques et Jean en 1595, et Jean en 1628. De ce mariage vinrent Jean, qui suit, Margueritte et Catherine, non mariées.

9. JEAN DE LA GORGUE, seigneur du fief à Longuet, vivait en 1704; suivit la carrière militaire et fut tué au service du roi, sans avoir été marié.

AUTRE BRANCHE.

4. Jacques de La Gorgue, fils aîné de Jacques et de demoiselle Marie Le Moictier, comparaît au ban et arrière-ban pour ses fiefs en 1530 avec son frère Jean (*Arch. de l'hôtel de ville d'Abbeville*); il comparaît encore pour ses fiefs en 1550 (*Documents inédits sur la noblesse de Picardie*). Il épousa vers 1510 demoiselle Marie Le Jeune, nom qui s'est aussi écrit Le Josne, Li Joule, fille de Jean, propriétaire à Saint-Maxent, dont hérita Jacques de La Gorgue en 1539. Ce nom est fort ancien en Ponthieu, où Jean Le Jouele paraît parmi les hommes liges de la cour de Ponthieu en 1280; Jean Le Jeune, dit aussi Li Joules, écuyer, dit d'Avaincourt, allié à Margueritte, dame de Colines, vivant en 1380; Laurent, Mahieu, Jean et Enguerrand Le Joule sont convoqués comme fieffés du bailliage d'Amiens en 1337; Jean Le Josne fait aveu au seigneur de Rambures, le 16 juin 1509, de terres à Rambures appartenant à Toinette des Marquais, sa femme; Guillin, Jean, Jennet, Regnaut, Gilles et Pierre Le Jeune étaient archers des ordonnances du roi de 1491 à 1523.

Jacques de La Gorgue épousa en secondes noces demoiselle Guillemette Bodin, nom connu en Artois, qui signifie Baudin ou Bauduin. Il fut inhumé avec Marie Le Jeune, sa femme, en la chapelle Saint-Nicolas de l'église Saint-Gilles d'Abbeville, en laquelle il fonda, les 6 octobre 1543 et 2 novembre 1549, une messe perpétuelle et 2 obits solennels, et lui donna pour cela des terres à Frettemeule et des censives à Abbeville; il était mort en 1560; et fut père de: 1° Jacques, qui suit; 2° Nicolas, prêtre, qui vivait encore en 1571; 3° Alix, mariée à Jean Roussel qui était mort en 1545.

5. Jacques de La Gorgue, seigneur du Quint de Rumetz et d'un autre fief à Arguel, était mort en 1562; marié en 1534 devant Rolland de Ponthieu, notaire à Abbeville, à demoiselle Jeanne Le Canu qui portait d'*argent à 3 fasces d'homme*, fille de noble homme Robert Le Canu, seigneur de Rumetz, dont la fille aînée, Madeleine, avait épousé Christophe de Blottefière, seigneur de La Haye, et qui était fils lui-même de Jean Canu, seigneur de Rivières à Long. Jean Canu comparaît pour la guerre de 1337 comme fieffé de la prévôté de Saint-Ricquier (*D. Grenier*), et Guillaume Canu était archer des ordonnances du roi en 1455 et 1470. De ce mariage vinrent: 1° Robert, qui suit; 2° Jacques; 3° Margueritte, mariée le 24 janvier 1553 à Pierre de Ribeaucourt, fils de Ricquier.

6. ROBERT DE LA GORGUE, seigneur du Quint de Rumetz, est qualifié noble homme et receveur du domaine de Ponthieu en 1570 et 1578, échevin d'Abbeville en 1586; il était tuteur de Maximilien de Blottefière, écuyer, seigneur de Rumetz, son cousin germain, en 1562; marié le 18 octobre 1562, devant Honoré Le Blond, notaire à Abbeville, à demoiselle Gabrielle Le Maistre, fille de défunt François et de demoiselle Marie de La Fosse, dont il eut des enfants péris, disent quelques anciennes généalogies; aucun acte ne les mentionne, non plus que ses biens eussent été recueillis par ses collatéraux. Henry Le Maistre, fieffé de la prévôté du Vimeu, est convoqué pour la guerre en 1337 (*D. Grenier*); Firmin Le Maistre, échevin d'Abbeville de 1426 à 1432.

AUTRE BRANCHE.

4. NICOLAS DE LA GORGUE, seigneur de plusieurs fiefs, fils de Jacques et de Marie Le Moictier, mourut jeune; il était mort en 1535, année où son fils Jacques lui avait succédé. Il épousa demoiselle Margueritte Griffon, qui portait *de gueules au griffon d'or*, et comparaît pour ses fiefs en 1530; fille de Jean et de demoiselle Marie Vignon, et sœur de Jacques, échevin d'Abbeville en 1552. Margueritte Griffon se remaria à Jacques Bellenger, échevin d'Abbeville, dont elle était veuve en 1555. Elle avait eu de son premier mariage : 1° Jacques, qui suit; 2° Nicolas, qui fut échevin d'Abbeville en 1549, marié devant Gallet et Honoré Le Blond, notaires à Abbeville, le 25 septembre 1555, à demoiselle Antoinette Maillart, fille de feu Henry et de demoiselle Margueritte du Fay, laquelle du Fay fut mère par un second mariage de Pierre de Meldeman, écuyer; il n'y eut pas d'enfants de ce mariage. Collin et Guillaume Maillart, archers des ordonnances du roi sous la charge du comte de Saint-Pol en 1459 (*coll. Gaignaires,* t. II). Philippe Maillart, seigneur de Rainvillers, fief tenu de La Ferté Saint-Ricquier avant 1502; 3° Margueritte de La Gorgue, mariée avant 1552 à Antoine de Cantelen, fils de noble homme Adrien, échevin d'Abbeville en 1536, et de demoiselle N. de Lestocq; ledit Antoine testa le 30 août 1569 et portait *d'argent à la fasce de gueules chargée d'une gerbe de bled d'or liée de gueules*, sa femme en était veuve en 1576 et en eut des enfants; 4° Marie, mariée à Hugues Rohaut, seigneur de Condé, échevin d'Abbeville en 1559, qui portait *d'azur*

au chevron d'or accompagné de 3 croissants d'or, 2 *et* 1, fils de Jean, seigneur de Condé, Caumartin, Préville, échevin d'Abbeville en 1529, et de demoiselle Marie Danzel ; il y eut postérité de ce mariage.

5. JACQUES DE LA GORGUE, échevin d'Abbeville en 1564, 1565, 1566 et 1568, épousa demoiselle Antoinette de Canteleu, sœur de Antoine qui avait épousé Margueritte de La Gorgue sa sœur, et de Jean de Canteleu, mayeur d'Abbeville en 1567, époux de demoiselle Jeanne de Caux ; ils étaient tous enfants de noble homme Adrien de Canteleu, échevin d'Abbeville en 1536, et de demoiselle N. de Lestocq, descendant de Agnieulx de Canteleu, écuyer, seigneur de Warlincourt en Artois, mort à la bataille d'Azincourt en 1415 et inhumé dans l'église Notre-Dame de Doullens ; lequel comptait parmi ses ancêtres Eustache de Canteleu, chevalier, dont parle Geoffroy de Villehardoin, et qui se croisa avec le comte de Saint-Pol, Pierre d'Amiens, Nicole de Mailly, Ansiaux de Cayeu, Guy de Hosdeng et autres chevaliers, et mourut à Constantinople. Jacques de La Gorgue fut inhumé dans la chapelle Saint-Nicolas de l'église Saint-Gilles, où il avait fondé par son testament du 31 octobre 1576 12 hauts obits ; il fut père de Geneviève de La Gorgue, qui donna exécution à ladite fondation faite par son père par contrat du 24 juin 1577 devant Lefebvre, notaire à Abbeville, mariée en premières noces le 10 avril 1578 devant Ézéchias Boujonnier et Jean Le Devin, notaires à Abbeville, à noble homme Antoine Boullon, seigneur de Grambus, conseiller du roi, qui fut échevin d'Abbeville en 1581 et 1595, fils de noble homme Jean, mayeur d'Abbeville en 1554, et de demoiselle Jeanne Briet, d⁰ de Grambus, d'où François, Maximilien, Antoine et Geneviève. Ledit Boulon portait *d'azur à la fasce d'argent accompagnée de 3 besans ou boules d'argent* 2 *et* 1. Elle épousa en secondes noces, le 17 janvier 1601, devant Nicolas Becquin, notaire à Abbeville, noble homme Guy Lempereur, conseiller du roi, lieutenant en l'élection de Ponthieu, qui portait, selon le manuscrit de Waignart, *d'azur à l'aigle éployée d'or à 2 trèfles d'or en chef et un cœur de gueules en pointe ;* d'où vint Anne Lempereur.

MARGUERITTE DE LA GORGUE, mariée à Jean de Bailleul par contrat du 26 février 1579, devant de Le Court et Cristophe Loingtier, notaires à Abbeville.

BRANCHE ÉTABLIE DANS LE COMTÉ DE SAINT-POL.

Les mémoires généalogiques de D. Lepez, religieux de l'abbaye de Saint-Vaast à Arras, écrits pendant le dix-septième siècle et faisant aujourd'hui partie de la bibliothèque d'Arras, donnent un fragment généalogique des de La Gorgue et en parlent encore en d'autres endroits, notamment à l'article des *La Vacquerie*. Les personnes qu'il cite portaient bien les armoiries ci-dessus décrites, c'est-à-dire les merlettes écartelées des coquilles, comme on le verra aux preuves; cependant il ne les rattache pas d'une manière certaine aux membres de cette famille dont il vient d'être parlé ; mais la similitude de nom et d'armes ne peut laisser aucun doute que les uns et les autres ne fussent issus de la même maison, d'autant que le comté de Saint-Pol touchait à celui de Ponthieu, et que certains fiefs du premier avaient appartenu jadis au second. On va donner un abrégé de la généalogie de D. Lepez.

1. ROBERT DE LA GORGUE, écuyer, homme d'armes des ordonnances du temps du roi Louis XI, se retira du service à la fin de sa vie et vécut de ses revenus. Le P. Daniel, dans son Histoire de la milice française, dit qu'alors tous les hommes d'armes et archers des compagnies d'ordonnances étaient gentilshommes, et que ce ne fut que sous le règne de François Ier qu'on commença à tolérer quelques exceptions à cette règle. Il épousa demoiselle Magdelaine de La Personne, dite Le Petit, qui portait *de sinople à la bande d'argent,* fille de Regnault, écuyer, seigneur de Moreaucourt et de Conteville, et de demoiselle Alardine Brousset, fille du seigneur de Beaurepaire. Ladite Magdelaine était sœur entre autres de Henry de La Personne, dit Le Petit, écuyer, seigneur de Moreaucourt, allié à demoiselle Jacqueline de Sains, dont il eut Nicolas, écuyer, seigneur de Moreaucourt, Ingueheu, Torcy, Neuville, Bernaville, gentilhomme du roi Louis XII, capitaine et gouverneur d'Arras, mort en 1515, sans enfants de Claire de Cunchy, sa femme. La maison de La Personne, une des plus anciennes de l'Artois, alliée à celles d'Érim, d'Ailly, de Lens, de Berghes Saint-Vinock, d'Esnes, du Fay, de Tilly, de Souastre, etc., descendait de Jean de Verloing, chevalier, seigneur dudit Verloing, qui avec ses enfants se distingua dans la terre sainte, à cause de quoi le pape lui donna héréditairement le personnat de Saint-Pol; il en prit le surnom de Personne que gardèrent une partie de ses descendants,

abandonnant celui de Verloing. Robert de La Gorgue fut père de :
1° Jean, qui suit; 2° une fille, alliée à N. Quiéret, chevalier, de la
noble et ancienne maison de ce nom qui portait *d'hermines à* 3
fleurs de lys au pied nourri de gueules si connue en Artois et en Picardie, et qui a donné un amiral de France en la personne de Hugues
Quiéret, chevalier, seigneur de Tours en Vimeu, en 1336, lequel
était sénéchal de Beaucaire et de Nismes en 1324. Jacques Quiéret fut un des chevaliers du tournoi d'Anchin en 1096 (Carpentier, *Histoire de Cambray*). Le P. Anselme a donné la généalogie
de cette maison; 3° une autre fille, alliée à N. Quiéret, chevalier,
frère du précédent; de l'un de ces deux mariages vint Jean Quiéret, qui fut prêtre; et il en sortit encore d'autres enfants dont la
postérité existait dans le comté de Saint-Pol au commencement
du dix-septième siècle; 4° une troisième fille, qui fut mère de
Loys Le Quien, écuyer, homme d'armes des ordonnances, tué à
Conchy en 1582. Une famille de ce nom portait *d'or à la croix
anchrée de gueules, une autre d'azur à* 3 *chiens broqués d'or
passans, une autre d'azur à* 3 *chevrons d'or.* Hugues, dit le Quien,
chevalier, du tournoi d'Anchin en 1096, fils de Jacques de Saint-
Hilaire. Pierre Le Quien, chevalier, paraît dans une charte de l'abbaye de Cantimpré de l'an 1186 (Carpentier); 5° une quatrième
fille, alliée à N. de La Porte, d'où Marie de La Porte, femme de
Pierre de Croix. Il y a eu en Flandre, Artois et Picardie, plusieurs
maisons anciennes du nom de La Porte.

2. Jean de La Gorgue, écuyer, conseiller en cour laie, mayeur
de la ville de Saint-Pol, quitta la profession des armes pour prendre
celle de la magistrature, à l'exemple de beaucoup de gentilshommes de son temps; il épousa, vers 1500, demoiselle Antoinette de
Lescové, qui portait *d'argent à* 3 *bandes d'azur à la bordure de
gueules,* sœur de Jeanne de Lescové, qui avait épousé Alard de la
Personne, écuyer, seigneur de Conteville, oncle dudit Jean, et
fille de Jean de Lescové ou de Legove, et de demoiselle Jeanne
Levasseur, dit Lemire, fille du seigneur de Bonnay et de Cappendu,
dont descendaient les vicomtes de Boursonne en France. Jean
Lescové, archer des ordonnances du roi, sous la charge de Robinet du Quesnoy, passe la revue à Merlon en Beauvaisis le 2 novembre 1475 (*coll. Gaignaires*, t. 5). Julien, Jeannet et Jacques
Lecouvé, archers des ordonnances de 1499 à 1515 (*Id.*, t. 12,
13, 14). De ce mariage vinrent deux filles, savoir : 1° Marie de
la Gorgue, alliée à Jean Oguier, conseiller en cour laie à Saint-

Pol, d'où Jacques, licencié ès lois au conseil d'Artois; Marie, femme de Pierre de Blas, aussi licencié ès lois, et Charlotte, femme d'Antoine de Nœue ; Jean Oguier, archer des ordonnances du roi sous M. de Poutremy, passe la revue à Montreuil le 25 janvier et le 14 mai 1525 (*Id.*, t. 19). 2° Claire de La Gorgue épousa en premières noces Guillaume du Flos, écuyer, licencié ès lois, demeurant à Saint-Pol, descendant de Jean du Flos, écuyer, originaire de Bernicourt en Artois, anobli par lettres du mois de juillet 1473, enregistrées à Lille ; elle fut mère de Ferry du Flos, écuyer, marié trois fois et auquel elle donne la moitié de ses terres de Rebrouves par son testament du 24 décembre 1596 ; suivant M. du Hays, cette famille du Flos portait *d'or au chevron d'azur chargé de 3 trèfles d'or ;* le manuscrit de M. de Sars, à la bibliothèque de Valenciennes, donne audit Guillaume du Flos pour armes *échiqueté d'or et de gueules au chef de vair*. Claire de la Gorgue, étant veuve de Guillaume du Flos, se remaria à Saint-Pol, le 24 janvier 1541, à Charles de la Vacquerie, écuyer, seigneur de Bullecourt, au comté de Saint-Pol, lieutenant général dudit comté et mayeur de Saint-Pol, qui portait *échiqueté d'argent et d'azur au chef de gueules,* fils de Hues, écuyer, seigneur de Bullecourt, lieutenant général au comté de Saint-Pol, et de demoiselle Philippote Le Tellier, lequel descendait de Robert de La Vacquerie, écuyer, allié à Jeanne de Griboval, fille de Gallois, seigneur dudit lieu, et arrière-petit-fils de messire N. de La Vacquerie, dit le Long Chevalier ; de cette ancienne maison du comté de Saint-Pol était Baudoin de La Vacquerie, qui est témoin avec les autres barons d'un accord entre l'abbaye de Saint-Saulve et Bernard, comte de Hesdin en 1148 (*cartulaire de l'abbaye d'Auchy*). De ce mariage vint Charles de La Vacquerie, écuyer, seigneur de Bullecourt, lieutenant général de la châtellenie d'Oisy, à qui sa mère donne l'autre moitié des terres de Rebrouves par son testament de 1596, et qui épousa demoiselle Walburge de Wignacourt ; la pierre tombale qui avait été placée sur leur sépulture aux carmes d'Arras existe encore et porte aux quatre coins les armes de La Vacquerie, des La Gorgue, des Wignacourt et des Bauduin ; celles des la Gorgue sont *écartelées de merlettes et de coquilles.*

Le manuscrit de M. de Sars donne à la femme de Jean de La Gorgue le nom *de La Bourse ;* mais c'est certainement une erreur : je crois que le vrai nom était de Le Gove, dont on aura fait Lescove.

Lion de La Gorgue, homme d'armes des ordonnances du roi sous la charge de M. de Damville, et Alexandre de La Gorgue, archer de la même compagnie, passent la revue à Boulogne sur la mer le 10 février 1557. Cette compagnie de 50 hommes d'armes et 75 archers ou 50 lances fournies avait pour guidon François de La Noue, surnommé depuis *Bras de fer*, et pour premier homme d'armes Georges de Montmorency. Le seigneur de Damville, fils du connétable Anne de Montmorency, fit, l'année suivante, partie de l'armée qui reprit Calais aux Anglais sous les ordres du duc de Guise. L'original de cette revue existe encore.

1. Jean de La Gorgue dit Petit, seigneur de fiefs tenus du roi, paraît à Rue en 1436, 1442, 1460, suivant les généalogies de l'abbé Buteux, de M. de Groriez et autres documents; il fut père de Jacques, qui suit :

2. Jacques de La Gorgue, dit Jacquin, seigneur des mêmes fiefs, les releva en 1469; il releva encore des fiefs tenus du roi en 1477; il paraît en 1460 et fut échevin de Rue; il fut père de Jacques, qui suit :

3. Jacques dit Jacotin de La Gorgue, seigneur des mêmes fiefs, les releva après la mort de son père en 1495; il vivait en 1500, et fut père de Jacques, qui suit :

4. Jacques de La Gorgue, seigneur des mêmes fiefs, vivait en Rue en 1540; on ne mentionne pas ses enfants.

Ces documents paraissent extraits de quelques registres de comptes et d'hommages faits au roi pour les fiefs qui étaient tenus de lui au bailliage de Rue. Ils sont mentionnés dans un ouvrage imprimé nouvellement, intitulé *Documents inédits sur la noblesse de Picardie.*

Simon de La Gorgue, Bauduin de La Gorgue et Mahaut de La Gorgue sont au nombre des donataires de Mahaut, comtesse de Flandre, et de Blanche de Sicile, sa belle-fille, dans leurs testaments et codicilles de 1250, février 1260 et juillet 1269. (Voy. ce qui a été dit p. 4.)

Alulphe de La Gorgue est témoin d'une donation de Simon de Machi à l'abbaye de Valoires en 1177. (Voy. ce qui a été dit p. 5.) M. le Marquis Le Ver, dans des considérations sur le cartulaire de l'abbaye du Gard, dit que, quand on trouve dans les anciennes chartes ces mots, « un tel de tel endroit, cela veut dire qu'il était seigneur en partie de ce lieu. » D'après cela, Alulphe de La Gorgue aurait été seigneur en partie de Machi, ou peut-être d'un fief à Machi.

Willaume de La Gorgue et Béatrix sa femme font donation à l'abbaye du Gard, par une charte du mois de mars 1217, passée devant et avec la confirmation de Guérard, évêque d'Amiens, de tous leurs droits et prétentions sur les moulins, eaux, pêcheries, donnés à l'abbaye au mois d'août 1216 par Dreux de Sessolieu, dont ledit Willaume tenait un fief près du Gard (*Cartulaire de l'abbaye du Gard et charte originale avec le sceau de l'évêque aux archives d'Amiens*). Cette charte est indiquée au nom de Willaume de La Gorgue et de Béatrix sa femme, dans les tables des noms du cartulaire du Gard, par M. le marquis Lever.

Extraits du Cartulaire de Saint-Martin-aux-Jumeaux, aux archives d'Amiens.

Folio 31, verso. — Donation à l'église d'Épécamp de trois charruées de terre sises à Gorge, l'an 1160.

Folio 32. — Bernard de Gorge, chevalier, est mentionné comme témoin d'une donation faite à la maison d'Épécamp par Eustache de Lanchenescuires, l'an 1199.

Folio 33. — Cession faite par Bernard, clerc, fils de Bartholomé, mayeur de Domart, aux religieux d'Épécamp, du tiers de la dîme de Gorge, qu'il avoit acheté de Thibault de Gorge. *Sans date.*

A la bataille de M. Gaston, comte de Foix, aux frontières de Flandre, vint M. Girard de La Gorge, chevalier banneret, avec quatre chevaliers bacheliers et trente-huit écuyers. Ils furent payés pour leur retour de Tournay à La Gorse (La Gorgue). Ils firent montre au mois de juillet à Tournay, où ils s'enfermèrent en 1340. (Extrait d'un manuscrit de la Bibliothèque de la rue Richelieu, à Paris, intitulé : *Gens d'armes et de trait.*)

Richard de Gorges, chevalier de la baillie de Caen, devant service au roi pour 40 jours, envoie pour lui Thomas de Barou à l'ost de Foix en 1271. (*Hist. du ban et arrière-ban*, par La Rocque, p. 45.)

Thibaut de Gorges, capitaine de Coutances en 1480. (*Arch. de Joursenvaux.*)

Pierre-Luc de Gorges, seigneur d'un fief noble situé au village de Pernois près Domart, pour lequel il doit 60 sols de relief, service de Roncin, service de plaids de quinzaine en quinzaine ; il en donne dénombrement en 1539. (Extrait du 17e volume des *Mémoires de la Société des antiquaires de Picardie*, p. 171.)

Jean Gorges, archer des ordonnances du roi sous M. le vidame de Chartres (*collection Gaignaires*, t. 29), passe la revue à Escouys, le 31 janvier 1555.

———

Il a existé en Flandre et en Hainaut une famille de Gorghe *aliàs* Gorge, dont les armes sont différentes de celles de la famille dont on vient de parler, quoique le nom soit identique. Voici quelques fragments généalogiques sur cette famille, qui portait d'après les Mémoires de D. Lepez à la bibliothèque d'Arras *d'argent à la bande de sable chargée de 3 têtes d'oiseaux d'or.*

Messire N. de Gorge, chevalier, allié à Henriette d'Havrecq, de la maison d'Enghien, d'où Jeanne de Gorge, dont les armes sont représentées *écartelées en 1 et 4 d'argent à la bande de sable chargée de 3 têtes d'oiseaux d'or; au 2 et 3 gironné de gueules et d'or de 10 pièces*, qui est Havrecq, mariée à Jacques Charlart, chevalier, seigneur de Chorge en Baudour, au Tertre en Hainaut, mort en 1506 et gist à Baudour, fils de Jean Charlart, chevalier, qui portait *d'azur à la tête et col de cerf d'or*, seigneur de Chorge et Baudour près Saint-Ghislain, où il bâtit son château au Tertre, et mourut en 1440, et de Jeanne Le Brun. Ledit Jacques Charlart, d'une famille ancienne de Picardie, épousa en secondes noces Jeanne de Candeville, fille de Girard, chevalier, qui portait *d'argent à 3 bandes de gueules. (Communiqué par M. le chevalier de La Phalecque, à Lille.)*

Sentence du 26 septembre 1459 entre..... et Henry de Gorges, bailli de haut, noble et puissant seigneur monseigneur le comte de Dunois, seigneur de Havrecq et de Gheslin, qui parait de même famille que les précédents et habitait comme eux le Hainaut (*Id.*).

Pierre de Gorges, conseiller du conseil provincial de Flandre, mort le 27 septembre 1486, allié à Quentine Van Hole, d'où Marguerite, dont le tombeau est à Saint-Bavon de Gand, alliée à Liévin Borluut ; à ce tombeau sont les 8 quartiers des époux, savoir : Borluut, Ailly, Gorges, Van Hole, Damman, Baenst, La Kétulle, Vanden Poorter (*Id.*).

Les Mémoires de D. Le Pes parlent aussi de ce Pierre de Gorges ainsi qu'il suit :

« Messire Pierre de Gorghe, du conseil de Flandre, allié à Quentine Van Hole, fille de Messire Liévin Vanden Hòle, chevalier, et de Jeanne Reyphins, d'où Margueritte de Gorghe, femme de Liévin Borluut, d'où entre autres enfants Gilles Borluut, chevalier de Jérusalem. Quentine Van den Hole était sœur de messire Jean de Le Hole, chevalier, allié à Marie Vanden Berghe, et de Jossine de Hole, femme de messire Josse de Dixmude, qui portait *burelé d'or et d'azur de 10 pièces au franc quartier de..... au lion de..... »*

Dans l'église de Sainte-Walburge de Bruges se trouvent les tombeau et épitaphe de Georges de Damhoudère, sénateur de cette ville, et de Jacqueline de Gorges, sa femme ; ledit Georges y est qualifié *nobilis vir* ainsi que Jacques son fils, allié à Marie de Meulenaere. (Sanderus, *Flandria illustrata*, t. I, p. 230.) — Thierry de Damhoudère est témoin d'une donation d'Arnould, vicomte de Ghistelles, à l'abbaye d'Aldembourg en Flandre en 1180. (Aubert Le Mire, t. I, p. 285.) Josse de Damhoudère, chevalier, commis des finances de Flandre et d'Artois, dans des lettres de Philippe II, roi d'Espagne, du 5 janvier 1574.

Rolland et Godefroy de Gorges sont mentionnés comme parents de Rasse de Maulde, seigneur de Godimont et de Fellignie, époux de Jacqueline de Bailleul-Douxlieu, dame dudit lieu, dans un partage entre ses enfants, du 28 mai 1521, en la ville de Mons. (*Généalogie manuscrite de la famille de Maulde.*)

On peut voir dans le manuscrit de M. de Sars, à la bibliothèque de Valenciennes, une généalogie de cette maison de Gorges, qu'il écrit aussi Ghorges. Suivant cette généalogie, Jean de Gorge, seigneur dudit lieu et de Pernois, était père de Henry, seigneur dudit lieu et de Pernois, châtelain et bailly de Havrecq, allié à Jeanne de Candeville, fille de Girard, bailly de Havrecq, et de Margueritte de Havrecq, dont 7 enfants : Godefroy, Lion, Gillette, femme de Jean de Marquette, Jean qui suit, Antoine marié; Jeanne, femme de Jacques Charlart, mayeur héréditaire de Baudou, et Catherine, femme de Jacques Le Vairier.

Jean de Gorge, ci-dessus, allié à Jeanne de Malapert, fut seigneur de Pernois et père de Catherine de Gorge, alliée à Jean de Faurel, seigneur de Lassus ; Antoine de Gorge, son frère, fut père de Catherine, alliée à Jean Le Grand, d'Antoine qui suit, de Godefroy, de François, de Jeanne femme de François de Vredeau, et de N. alliée à Artus Caulier.

Antoine de Gorge fut père de Waudru, allié à Michelle de Hy, de Henry, de Antoine et de Pierre de Gorge.

Les extraits du Cartulaire de Saint-Martin-aux-Jumeaux, p. 31, se rapportent à la seigneurie de Gorge près Domart. Le prieuré d'Épécamp touchait à Gorge. Bernard de Gorge, chevalier, vivant en 1199, et Thibaut de Gorge étaient de la famille des premiers seigneurs de ce lieu. Gorge relevait de Domart, dont les seigneurs n'étaient autres que ceux de Saint-Valery, chez lesquels le nom de Bernard a été commun et qui descendaient des comtes de Ponthieu. Un livre de héraut d'armes de 1380 environ donne pour armes au sieur de Domart, chevalier de Ponthieu, trois merlettes.

La maison de Gorge en Flandre et en Hainaut, dont il est parlé pag. 32, 33, 34, possédait cependant, comme on le voit, la terre de Pernois, située près de Gorge et de Domart, et pouvait bien être sortie de ces premiers seigneurs de Gorge en Ponthieu, malgré la différence des armoiries, les changements d'armoiries n'étant pas rares alors.

PREUVES DE LA GÉNÉALOGIE

DE LA FAMILLE

DE LA GORGUE-ROSNY

ARMOIRIES (*Voy.* p. 1).

---

*Extraits du manuscrit de Waignart, existant à la
bibliothèque publique d'Abbeville.*

Ce manuscrit paraît avoir été composé vers l'an 1600. Toutes
les armoiries y sont dessinées et peintes ; on les reproduira seulement ici en texte.

Généalogie de la famille des Griffon..........

Demoiselle Marie Griffon, alliée à Jacques de Le Gorgue qui
portait *écartelé* au 1 et 4 *d'argent à 3 merlettes de sable* 2 et 1 au
2 et 3 *d'argent à 3 coquilles de sable* 2 et 1.

(Souvent dans ce manuscrit les merlettes portent bec et pattes,
ce qui ne devrait pas être ; d'autres fois elles sont indiquées
comme il faut, sans bec ni pattes.)

De ce mariage vinrent Jacques, Josse, Margueritte, Marie,
Isabeau, Adrienne, religieuse à l'hôtel-dieu de Saint-Ricquier, et
Marie.

Demoiselle Marie de Le Gorgue, alliée à Jean de Brucamp ;

porte *écartelé* au 1 et 4 *d'argent à 3 merlettes de sable* 2 et 1 ; au 2 et 3 *d'argent à 3 coquilles de sable* 2 et 1. Jean de Brucamp porte *écartelé* au 1 et 4 *de sinople au lion d'or armé, lampassé et éclairé de gueules*, au 2 et 3 *d'azur à 3 étoiles d'or* 2 et 1.

Demoiselle Isabeau de Le Gorgue, alliée à Claude Bouteiller, lieutenant de Pont de Remy qui porte *d'azur à 3 bouteilles d'or* ; elle porte *écartelé* au 1 *d'argent à 3 merlettes de sable* 2 et 1, au 4 *d'argent à 3 coquilles de sable* 2 et 1, au 2 *de gueules au griffon d'or*, au 3 *d'hermine au lion de sable armé et lampassé de gueules à la bordure de gueules qui est de saveuses.*

Demoiselle Marie de Le Gorgue, alliée à André Belle. *Écu écartelé au 1 d'azur à 3 lunes d'or qui est Belle, au 2 d'argent à 3 merlettes de sable 2 et 1, au 3 de gueules à 3 boules d'argent 2 et 1 qui est Gallet, au 4 de sable à 3 coquilles d'argent 2 et 1.*

Demoiselle Margueritte de Le Gorgue, alliée à Jean Gambier, qui portait *d'azur au sautoir d'or cantonné de 4 étoiles d'argent.*

Maistre Jacques de Le Gorgue, prêtre ; *écu écartelé au 1 d'argent à 3 merlettes de sable 2 et 1 au 2 d'argent à 3 coquilles de sable 2 et 1, au 3 de gueules au griffon d'or, au 4 de saveuses* (ci-dessus).

Demoiselle Margueritte Griffon, qui porte *de gueules au griffon d'or*, alliée à Nicolas de Le Gorgue qui porte *écartelé* au 1 et 4 *d'argent à 3 merlettes de sable* 2 et 1, au 2 et 3 *d'argent à 3 coquilles de sable* 2 et 1, d'où Jacques et Nicolas.

Jacques de Le Gorgue, allié à demoiselle Antoinette de Canteleu; mêmes armes des de Le Gorgue et celles des Canteleu ; d'où Geneviève.

Demoiselle Geneviève de Le Gorgue, alliée en premières noces à Antoine Boullon, et en secondes noces à maître Guy Lempereur, conseiller du roi et son lieutenant en l'élection de Ponthieu. Ladite Geneviève porte les mêmes armes que ci-dessus. Boullon porte *d'azur à la fasce d'argent accompagnée de 3 besans ou boules d'argent* 2 et 1.

En un autre endroit du même manuscrit, on voit ce qui suit dans la généalogie des Cornu :

Sire François Boullon, conseiller à Abbeville, maycur d'Abbeville en 1617 ; ses quartiers paternels sont Boullon, qui porte comme dessus, Calonne qui porte *d'argent au lion léopardé de gueules mis en chef sur une jaspure sans couleur* ; Brict, qui porte *de gueules à la croix d'argent plaine chargée de 5 hermines de sable*, et de Maisons, qui porte *de sable à la croix ancrée d'argent.*

Quartiers maternels : de Le Gorgue, qui porte *d'or à 3 merlettes de sable 2 et 1, Griffon de gueules au griffon d'or*, de Canteleu *d'azur au chevron d'or à 3 palmes d'or 2 et 1*, de Lestocq, *d'azur à l'arbre d'or à 3 branches ayant chacune un oiseau d'or dessus.* (Tome III.)

Extrait de l'Armorial général de 1696.

N......, veuve de Le Gorgue, porte *d'argent à 3 merlettes de sable.*

La ville de La Gorgue en Flandre porte *d'azur semé de coquilles d'or, au chef d'argent chargé d'un lion naissant de sable.*

Extrait d'un ouvrage nouveau in-4° intitulé : *Trésor généalogique de Picardie ou Documents inédits sur la noblesse de cette province*, par un gentilhomme picard.

De Le Gorgue porte *d'or à 3 merlettes de sable.*

Extrait de l'Armorial du Boulonnais fait en 1704, par Antoine Scotté de Vélinghen, existant en copie à la bibliothèque de Boulogne.

De Le Gorgue, sieur de Rosny, porte *d'argent à 3 merlettes de sable.*

Tous les anciens cachets donnent ces mêmes armes *avec des licornes pour supports.*

ORIGINE DE LA FAMILLE DE LA GORGUE

DES FIEFS DE SON NOM ET DES VARIATIONS DU NOM.

Carte de la Flandre dans l'ouvrage *Flandria illustrata* de Sanderus
dans laquelle la ville de La Gorgue est nommée *Le Gorghe*.

Extrait de l'ouvrage d'Aubert Lemire, vol. III, p. 576, diploma 11.

..... Ex altera parte illius aquæ videlicet versus *Gorgue* alia ecclesia baptismalis construitur cum tota parrochia illius partis. Apposuitque præfatus Robertus advocatus ecclesiæ quæ versus *Gorgue* est decimam partem omnium tam piscium quam molcturæ quæ molendini sui de *Gorgue* lucrabuntur, anno 1190.

Extrait du même ouvrage, vol. III, p. 379.

Ego Willermus Atrebatensis advocatus, Bethuniæ et Teneremundæ dominus, et Matildis uxor mea nobilis, et filii nostri Daniel primogenitus, et Robertus. Notum facimus tam presentibus quam futuris, ad quos presens scriptum pervenerit, quod nos ecclesiæ sanctæ Mariæ in loco justa Fossam qui ab antiquo abbatia dicitur, constitutæ, tenemur persolvere pro domino Eustachio de Hersin ad molendinum nostrum de *Gorga* octo menkaldatas frumenti pro commutatione...... hoc actum fuit publice anno Verbi incarnati M. CC. XII.

Alterum diploma — Je Eustasse sœr le conte de Saint-Pol fay scavoir à tous ceux qui ces lettres verront que j'ay donnet et ottroyet permanaulement pour Diu et en aumosne, as nonnains de Biaupré de l'ordène de Cisteaux qui mainent ou tenement de *Le Gorghe* leur mannée : en tele manière que elles poent morre as molins de *le Gorghè* quittement sans moture et sans aultre droiture, tout chou qu'il convenra à *le* souffiseance de *le* maison..... che fu fait quand li incarnations eut mil et CC et XXXII ans, el mois de janvier.

Extrait des preuves de l'Histoire de la maison de Béthune, par
A. Duchesne, p. 138, l'an 1249.

Mahaut advoueresse d'Arras, dame de Béthune et de Tenremonde,
fonde une chapellenie de 13 livres parisis par an en l'abbaye des nonnains de Beaupré lès *La Gorgue*.

P. 144. Au mois de décembre 1265, Robert, fils aîné du comte de Flandre et de Mahaut dame de Béthune, confirme la donation faite par sa
mère à l'abbaye de Biaupret de lès *Le Gorghe* d'une chapellenie de 13 livres et 40 sols de rente le jour de son obit.

Extrait des archives départementales de Lille, provenant de
l'ancienne Chambre des Comptes.

TESTAMENT DE MAHAUT, COMTESSE DE FLANDRE (original).

Jou Mahaut feme au noble homme mon seingneur Guion comte de
Flandre et dame de Béthune, en bon sens, fais pour m'arme et les armes
de mes antisseurs et de mes successeurs, mon testament en le maniére
que après est escrite.....

Je doins à l'abaie des nonnains de Biaupré dalès *Le Gorghe* de l'ordéne de Cisteaux 15 livres de rente irétale à tous jours pour tenir un
chapelain et dire des priéres pour nos anthisseurs......... Elle donne
encore.....

A l'abbaye des nonnains de Zuiveke dalès Tenremonde 15 livres de
rente.

A l'église Saint-Bétremieu de Béthune, à l'église de Notre-Dame de
Tenremonde, et autres dons relatés plus loin.

Fait en présence de témoins savoir, madame Marguerite comtesse de
Flandre et de Hainaut, monseigneur Guion comte de Flandre, monsei-
gueur Robert sénéchal de Flandre, monseigneur Hellyn son frère, monseigneur Willaume de Grimberghes, qui y mirent leurs sceaux, l'an de
l'incarnation 1250, wit el mois de marc le diours après la feste de l'An-
nonciation Sainte-Marie.

A ce testament est joint un long rôle en parchemin original d'une
écriture du temps, mais différente de celle du testament, contenant plus
au long les donations de ladite comtesse et daté de 1258; il contient ce
qui suit :

Veschi chou ke me dame Mehaus comtesse de Flandre et dame de
Béthune donne pour Diu en son testament; c'est à savoir deux mille livres dont les pièces sont à présent escrites que li prevost de Béthune et
messire Pierre de Le Boissière ont paié.

A l'église de Béthune de Saint-Beremu (pour Betremieu ou Bartelemi)
en dues XI *liv.* (livres) pour acater et pour faire ses luminaires chacun
an, là en droit CXX *liv.* tout payé.

A l'église Nostre Dame de Teuremonde XXX *liv.*

As hommes poures de l'église de Béthune LXXX *liv.*

A l'hospital de Béthune X *liv.* As mésiaux de le Maladrerie. Cs.

Au chapitre de Saint-Detremieu XXs. Au clerc Xs.

Au chapitre de Saint-Prix XXs. Au clerc Xs.

As femmes poures de Le Boissière 10 *liv.*

A l'hospital de cel liu XX *liv.* Au prêtre XXs. Au clerc Xs.

As femmes poures de *Le Gorge* XX *liv.* Au prêtre XXs. Au clerc Xs.

Suivent des dons semblables aux femmes pauvres, prêtres et clercs de Richebourg, Warneston, Tenremonde.

Au capelain du chatel de Béthune Cs.

A monseingneur Pierron de Le Boissière X *liv.*

Au capelain de no maison de Richebourg Cs.

Au couvent de Clairmarais pour obit. A Vantrelu XXX *liv.* A Baudelo XX *liv.*

A Dunes XXX *liv.* A Ledous XX *liv.* A Los XXX *liv.*

A l'abbaye de Saint-Jean de Choques, as poures de Sanne près Béthuue, as poures de le Bevrière, as Frères de la Trinité de Houdescote, de Conorte, de Dales chacun XX *liv.*

As Frères mendians de Lille XX *liv.* A chiaus d'Ipres, Gant, Bruges, Douay, Audenarde, Arras, Lens, Saint-Omer, Valenciennes, cascun X *liv.*

As Frères prescheurs de Lille, Gant, Valenciennes, Arras, Berghes, cascun X *liv.*

As nonnins de Marberc, Desprès dalès Donay, Vregy, Fontenelles, Marles dalès Courtray, Morsèle, Revenberghe, Dorenzièle, del Bos, Bilok, Biaupré dalès Gromont, Lolive, Celo, le Wazéne, le Brayele, cascun X *liv.*

As béghinages de Lille, d'Audy, d'Ipres, de Berghes, de Gant, de Bruges, de Valenciennes, de Cantimpré, de Cambray, d'Anoit, de Kaisnoit, Mou qu'on apéle Cantimpré, de Jérusalem d'encostre (auprès) Bruges, cascun X *liv.*

A Saint-Crux dalès Bruges, à l'abbaye de Pont-Rohart, au Béghinage de Liége, à l'hospital de Lille dalès le Salle, à l'hospital d'Orchies, à l'hospital de Jimmes, de Cs à LXs.

As canones de la capelie Nostre-Dame de Béthune Cs.

A Sarrain d'Engleterre ma sereur XXX *liv.*

A Simmain le béghine qui fut fille monseingneur Jehan de Béthune X *liv.*

A demisielle Agnèz de Tatinghan, XX *liv.*

A Marien de Baudour XXX *liv.*

A Sarrain d'Engleterre XXX *lib.*

A cascun de mes garçons Cs et le remainant a depuis payé par mes testamenteurs.

As pistres qui seront à mes obsèques et pour leurs lanters en tour mon corps XX *liv.*

Vechi chou con à deptes à maisine me dame des CCC *liv.* qu'elle di-

vise en son testament parmi les noms de chiaus qui ou testament sont
escrits.

A demiselle Agnès de Tatinghan XX *liv.*

A Marien de Baudour XXX *liv.*

A Mehaut de Colombi XX *liv.*

A Margot d'Arras VI *liv.*

A Mehaut d'Estaires XXXX s.

A Simon de *Le Gorge* X *liv.*

A Alardin d'Armentières X *liv.*

A Willaume d'Armentières Cs.

A Pierre d'Autel **VI** *liv.*

A Margueritte d'Armentières X *liv.*

A Jehan d'Alost IV *liv.*

.   .   .   .

.   .   .   .

Autres sommes ajoutées et reçues par le prévôt de Béthune.

A Jehan de Flamertinghes d'Ipres ; à Cristophe Lorfèvre de Béthune
pour des colisses. A Willaume de Rackembourg. A monseigneur Pierre
de Le Boissière. As nonnains de Le Braelle.

CODICILLE.

Jou Mahaus feme au noble homme mon seigneur Guion comte de
Flandre dame de Béthune, voil que tous sachent que j'ai, en mon plain
sens, ai en men testament que j'ou ai autrefiez ordené selon la tencur de
l'escrit auquel ces présentes lettres sont adjointes et asfikiés, ai aucunes
choses accrues, et mises et ostées aucunes, et autres muées et auscunes
esclairiés, et voil et ordéne que tout que jou i ai plus mis et osté, chan-
gié et mué et esclairié, soit tenu comme testament..... et me derraine
ordenance. Premières. Je voil avec les mille et cinq cens livres de mon
devant dit testament mettre et croître cinq cens livres del monoie de
Flandre. X *liv.* As poures de Béthune. Cs. à l'hospital de Béthune. A
l'hospital de Le Boissière XV *liv.* A Warneston XX *liv.* As kemuns
poures de Tenremonde XVII *liv.* A La Maladrerie de Tenremonde
CS. A Clermarais XX *liv.* pour men obit. A Boudelo X *liv.* A Dune
XX *liv.* A Ledous XV *liv.* A Los X *liv.* A Houdescote CS.

..... (Tous les lieux déjà nommés). Le tout que j'ai mis en la main de
monseigneur le comte Guion.

Je doins à me maisnière à departir à aus ainsi comme jou deviserai ..
Je doins encore à Isabelle qui fu à mi devisées, et si oste que jou avais di-
visés à damoisielle Mehaut dou Mares et si donne à *Mehaut de le Gorghe* 2 muids de blé à prendre cascun an toute sa vie à nos molins de *Le
Gorghe*, à le mesure de cest liu, en kéle estat qu'elle soit. Et si voil
et ordène qu'on prégne tous les deux mile livres devant dites as profit
de nos bos de Béthune et de Ricquebourg............ et si voil que

mes testateurs qui sont en mon autre testament, soient testamenteurs
des choses chi escrites ; et si met frère Thumas de Dykemue frère me-
neur en lieu de frère Gilion Barisiel se il moroit, ou frère Mikieus de
Novervetéie. Je voil que me sire Pierre de Le Boissière soit mes testa-
mentières avec les autres.....

Nous Margueritte comtesse de Flandre et de Hainaut avons octroié la
requette de nostre chiére fille, et nous Guys comte de Flandre avons
gréé et octroié les choses devant dites, et avons nous fait mettre nostre
scel à cest escrit.

Che fu fait en l'an del incarnation nostre Seigneur mil deux cens et
soixante el mois de février.

TESTAMENT DE MADAME BLANCHE DE SICILE, FEMME DE ROBERT

DE FLANDRE, SEIGNEUR DE BÉTHUNE.

El nom del Pére et del Fils et del Saint-Esperit, je, Blanche, fille au
roi de Cecille, feme de monseigneur Robert, ainsné fil le conte de Flandre, seigneur de Béthune et de Tenremonde, fac me de devise et mon
testament et ordéne en me bonne santé et pleine mémorie en tel manière
ke se je trépasse de cest siècle, oi ceste voie de pulle.

Je donne pour Dieu à labbaye de Felines et pour men anniversaire
faire cascun an cent livres de tornois. A l'abbaye de Marbéke de lès
Lille, pour mon anniversaire, C *liv.* ; à l'abbaye de Messines, L *liv.*;
à l'abbaye de Beaupré de lès *le Gorge*, sessante livres ; à l'abbaye de
Le Braielle, XXX *liv.* ; à l'abbaye de Warneston, XXX *liv.* ; as
poures de Warneston, XXX *liv.*; as poures de Tenremonde, XXX
liv.; aux Frères mendians de Béthune, XXX *liv.*; as poures de Béthune, de Le Boissière, de Ricquebourg, XXX *liv.*; à Trissain et à Jehan,
sen baron, C s.; as Maladreries de Béthune, Tenremonde et Warneston,
XX *liv.*; as poures de Tenremonde, à cascun XI s.; à tous les hôpi-
taux de ces lieux devant dits, à cascun XXX s.; au Grintekin, X *liv.*
Je doins X *liv.* à mesiaux de le terre monseigneur, manans hors des
maladreries devant dites; je doins as canones de l'église Saint-Bertre-
mieu de Béthune LX *liv.*; aux canoines de Tenremonde, aux cape-
lains de diverses églises, à monseigneur Willaume de Messines et à se
feme LX *liv.*; à Jehan de Bertinerois et à Morete se feme IX *liv.*;
à Margueritte me cambrière, IX *liv.* ; à Jehan de Biechime, X *liv.*;
à Guillot, mon valet, C. s.; à cascuns garcon de me palefrois X. s. ; à
cascun garçon de mes sommers V. s.; je doins à Henry de Messines IX
liv. ; à Jehan de Léde, X.; à Colin le barbier monseigneur, C s.; à
Henriet et Jacquemin de Le Cambe, cascun L s.; à Daniel de Moulons,
X *liv.*; à Jacquemin de Ricquebourg, XL s.; à Gerard de Ferrières,
XXX s.; à *Bauduin de Le Gorge*, IX *liv.*; as frères meneurs de Bruges,
XXX *liv.*; à demisicle *Mehaut de le Gorge*, X *liv.*; à Mahieu de
Trimétes et a sa féme, X *liv.*; à Roussel de Bruay, X *liv.*; à mon

filloel fil monseigneur Wautier de Le Douvie, X *liv.* Je doins à Simonet
de Plach, X *liv.* ; as poures femes de le terre monseigneur pour aider à
leur mariage et pour entrer en religion, CC *liv.* ; à maistre Williaume
le Fisissien, X *liv.* ; à maistre Jehan de Tenremonde le Mire, X *liv.* ;
à Perrin, le frère de me dame Agnès, XXX *liv.* ; à Jehan de Meulan,
LX s. ; à seigneur Gérard Le Capelain, ix *liv.* ; à deux filles me dame
Agnès, cascune X *liv.* ; à mes deux nièces, filles Goibore la serour (sœur),
deux robes de escarlate ; à la mére Seigneur Gérard Le Capelain, ma reube
de noire brunette ; à Pierron le Nain, me vielz reube verde ; au frére de me
dame Béatrix et à se feme, me cape de camelin ; à Marie de Méle, une warde
reube ; à Vivien, une robe de tirelaine fourrée de menu vair ; à toutes
ces choses devant dites et ordenées, je Blance devant dite vœul que ce
soit ferme chose et establie, et les ai assenées a prendre seur tous mes
joyaus et vossellement d'or et d'argent en qnel lieu qu'ils soient ; et pour
toutes ces choses accomplir, je prends à testamenteur mon très-chier
pére monseigneur le roi de Sécile, ma très-chiére dame Margueritte, comtesse de Flandre et de Hainaut, mon très-chier père Guion, conte de
Flandre et marchis de Namur, mon très-chier seigneur Robert ainsné fil
(fils aîné) le conte de Flandre, Pierron, prévost de l'église de Béthune, seigneur Gérard, nostre capelain ; et pour chou que che soit ferme chose et
estable j'ai cest testament scelé de mon scel ; et nos, Robert devant dit à
la requette et à la proiére Blance nostre très-chiére compaigne loons et
gréons toutes les choses que elle a devisées et ordenées par devant et a
toujours confirmé de nostre scel. Ce fu fait l'an de lincarnation J. Ch.
mil deux cens sessante et noef, el mois de jule.

Extrait des manuscrits de D. Grenier, p. 9, art. III A.

Copie d'une charte de l'an 1177 en extrait, qui est donnée par Jean,
comte de Ponthieu, relative à une donation à l'abbaye de Valoires, par
Simon de Machi, homme du comte, de ce qu'il a dans le bois de Tilloy.
Témoins, Enguerrand, archidiacre de Ponthieu, maître Godefroy d'Abbeville, Simon, évêque, maître Enguerrand, Dreux de Ponches, Godard
de Gamberon, Guy de Mons et les enfans dudit Simon, savoir : Hugues
aîné, Jean, Guy, Robert, et ledit Simon, chevaliers ; Odulphe, prêtre de
Nempont, Evrard de Longvillers, Albert Le Roy de Machi, *Alulphe de
Le Gorgue* de Machi, Eudes de Beaumetz, Gérard de Roslers. — Tiré
des Archives de l'abbaye de Valoires.

Ladite charte est en latin, et il y a *Alulpho Gorgi* de Machi ; Gorgi
génitif de *Gorgus Le Gorgue.*

*Traduction d'une charte latine de Jean, comte de Ponthieu, en faveur
de l'abbaye de Valoires, faisant partie du cartulaire de cette
abbaye qui se trouve aux archives départementales d'Amiens
de l'an 1177.*

Au nom du Père et du Fils et du Saint-Esprit, amen. Moi, Jehan, par
la patience de Dieu, comte de Ponthieu, veux faire connaître à tous pré-

sents et à venir, que Symon de Machi, mon homme, a donné, de ma volonté et concession, en don perpétuel et à toujours à l'église de Notre-Dame de Valloires, tout ce qu'il possédait dans le bois de Tilloy, ainsi que dans le fonds de terre dudit bois, libre de toute action, coutume et usage, et d'une manière absolue, ne retenant rien pour lui, sauf un cens annuel de trente sols, à recevoir dans les douze jours à partir de la nativité du Seigneur, et les autres quinze sols à la Pentecôte, et si quelqu'un pour ce bois élève des réclamations et querelles qui tourmentent l'église, Symon doit lui donner sa garantie. S'il ne veut ou ne peut donner cette garantie à l'église de Valloires, tant que durera cette opposition, que ladite censive ne soit pas payée à Symon ou à ses héritiers. C'est pourquoi si Symon ou ses héritiers voulaient faire l'aumône de ladite censive, ils ne donneront rien à l'église de Valloires...

(Ici sont des conditions réciproques en cas de non-exécution.)

Cette convention fut faite en ma présence, et je demeure plége et témoin de cette convention. C'est pourquoi Symon, mon homme, a remis en ma main toutes ces choses librement et absolument comme il est dit ci-dessus. Je les ai remises alors au seigneur Thibaut, évêque d'Amiens, qui était présent. Lui-même les remit à l'église Notre-Dame de Valloires, par les mains du seigneur Hugues, abbé de cette église, qui était présent. En présence de témoins, savoir : Enguerran, archidiacre de Ponthieu, maître Gaudefroy d'Abbeville, Symon, parent de l'évêque, maître Enguerrand ; et des chevaliers Dreux de Ponches, Godard de Cambron, Guy de Mons, et les fils de Symon, savoir : Hugues, son aîné, Gautier, Jehan, Guy, Robert. Comme leur père avait concédé, ils concédèrent eux-mêmes, et lui-même Symon et sesdits fils à l'église Notre-Dame de Valloires. En présence de l'assemblée des moines et des commensaux de l'abbaye, ils posèrent leur aumône (ou donation) perpétuelle sur l'autel, en présence des témoins souscrits, savoir : Odulphe, prêtre de Nempont, Evrard de Longvillers, Albert Le Roy de Machi, *Alulphe de Le Gorgue de Machi,* Eudes de Beauméz, Girard de Roslers. Clémence, femme de Symon, concéda ces mêmes choses comme son mari et ses enfants les avaient concédées. Ce fut fait l'an de l'incarnation du Seigneur c lxx septimo (1177).

Traduction d'une charte latine faisant partie du cartulaire de l'abbaye du Gard, vol. I, p. 47, 48, 49, existant aux archives d'Amiens. Cette charte se trouve aussi dans ces archives avec le sceau de l'évêque d'Amiens, mars 1217.

Guérard, par la permission divine, humble évêque (minister) de l'église d'Amiens, à tous ceux à qui les présentes lettres parviendront, salut éternel dans le Seigneur. Nous vous faisons savoir que *Willaume de Le Gorgue* et Béatrix, sa femme, Warin Le Vieille et Marie, sa femme, fille dudit Willaume, Hugues Le Petit et Hendiarde sa femme, Robert, Guy, Étienne et Maingoth (ou Maingaud), leurs fils ; Adam Patin et Richilde, sa mère ; s'étant constitués en notre présence, ont renoncé à tous calenges (calumpniæ, réclamations, querelles, guerres), qu'ils avaient contre l'abbé et couvent du Gard, à cause des moulins construits au Gard, et abjurant de bonne volonté tout ce qu'ils avaient contre eux, relativement aux droits que le vidame de Picquigny, seigneur dudit Hugues, et Dreux de Sessolieu, seigneur dudit *Willaume*, donnèrent et concédèrent à ladite église du Gard, savoir que dans toute l'eau qui se trouve sous les bornes de l'abbaye du Gard, ils pussent construire tout ce qui leur était utile ou nécessaire, comme il est contenu dans les lettres authentiques dudit Vidame et dudit Dreux ; tous unanimement concédèrent et affirmèrent par la foi de leur serment que doresenavant ils ne molesteraient jamais l'église du Gard à ce sujet, ni ne la feraient molester par qui que ce fût. Ceci fut également fidèlement concédé par Jehan, fils dudit Robert le Petit, et par Agnès, femme dudit Ade Patin, et par Jehan, leur fils, lesquels en donnèrent leur foi, en présence de Raoul, gardien des rôles et prêtre de Picquigny, envoyé spécialement par nous à cet effet, comme le même Raoul l'a attesté devant nous. C'est pourquoi, nous, comme il appartient à notre office, nous concédons et confirmons de notre autorité pontificale ladite résignation et concession, ainsi que l'aumône de neuf livres que ledit Vidame avait donnée à ladite église du Gard, pour être possédées perpétuellement et prises chaque année sur son pont de Picquigny, pour par elle être possédées à toujours pour l'amélioration du potage du Gard. Et pour que les choses dessus dites soient constantes, fermes et inviolables, nous avons fait prendre note de la présente charte, et l'avons fortifiée de la garantie de notre scel. Fait l'an de l'Incarnation du Verbe mil deux cent dix-sept, au mois de mars.

(La présente confirmation avait encore conservé le sceau qui s'y trouve désigné, lié de lacs de soie verte.—Note de celui qui a écrit le cartulaire au dix-septième siècle.)

En marge est écrit : Lettres de Guérard, évêque, touchant *Willaume de Le Gorgue*, et quelques autres sur les moulins, et ix tb. données pour le potage.

A la table, cette charte est ainsi indiquée: « Confirmation de plusieurs donations par l'évêque d'Amiens. »

Dans cette charte, *Willaume de le Gorgue* paraît comme homme ou vassal de Dreux de Sessolieu, puisque ce dernier est qualifié son seigneur ; c'est-à-dire qu'il possédait un fief tenu de lui, situé près du Gard, et à raison duquel il pouvait exercer des droits et réclamations sur les moulins et eaux donnés par ce seigneur de Sessolieu à l'abbaye, au mois d'août 1216 ; et dans cette charte, ledit Willaume fait donation à l'abbaye de ses droits.

Extrait des manuscrits généalogiques de D. Lepez, religieux de Saint-Vaast d'Arras, existant à la bibliothèque d'Arras.

Volume intitulé : *Histoire politique d'Artois*. A la table des noms se trouve cette mention : « Gorge (de Le) ou de Le Gorgue, pages 186, 188, 189, 190, 193, 232. »

A la généalogie de La Vacquerie on trouve : « Charles de La Vacquerie, escuier lieutenant du comté de Saint-Pol, auroit été allié par mariage à damoiselle *Claire de le Gorge*, fille de *Jean de Gorge*, en son temps mayeur de la ville de Saint-Pol... »

A la généalogie de *de Le Gorgue* : « *Robert de Le Gorgue*, homme d'armes, espousa damoiselle Magdelaine de la Personne dit Le Petit fille de Regnault, escuier, sieur de Conteville et de Moreaucourt, et de damoiselle Alardine Brousset, sœur du sieur de Beaurepaire... Desdits Robert et damoiselle Magdelaine .. sont issus *Jean de Le Gorgue*, conseiller en cour laie et à son tour mayeur de la ville de Saint-Pol, lequel auroit été allié à damoiselle Antoinette Lescové... lesdits Jean et sa femme ont eu de leur conjonction deux filles... la seconde auroit eu nom Claire et auroit espousé Charles de La Vacquerie, escuier lieutenant de la comté de Saint-Pol... »

Extrait d'un manuscrit de la collection de D. Grenier intitulé Fiefs du Ponthieu.

Le fief de *Gorge*, secours de Berneux à Domart, en Ponthieu, avait environ 50 feux en 1448, et appartenait alors à M. de Beaupré. Les hommes liges de ce fief étaient les possesseurs de : 1° le fief Jean d'Ourrech ; 2° le fief Galichaut de Fieffes ; 3° le fief de haut manoir, provenu de Roland de Gamaches ; 4° le fief Jean de Hodicq ; 5° le fief Bernard de Morcul. Ledit fief relevait de Dommart. — On trouve dans la même collection un livre de héraut d'armes de 1380, où se trouve cette mention : « Le sieur de Domart, chevalier de Ponthieu, sans bannière, porte *d'argent au chevron de gueules à 3 merlettes de même.* »

Extrait d'un mémoire domestique, par M. de Rosny, de 1760 environ.

Au greffe du bureau des finances d'Amiens, se trouve un vieux registre en parchemin contenant les noms des fiefs mouvants du roi à cause de son bailliage d'Airaines ou d'Arguel en 1377... « Le fief d'*Élegorgue* qui m'appartient. »

Extrait d'un manuscrit de la collection de D. Grenier, page 15, article 2.

Contenant les fiefs tenus du roi en Ponthieu. « Ledit fief, tenu du bailliage d'Airaines, est nommé fief de Sergenterie. »

Dans les mêmes manuscrits se trouvent les mentions suivantes :

État des fiefs du Ponthieu en 1575. « Fief *Gorge*, tenu du roi à Airaines. »

Etat desdits fiefs en 1618. « Fief noble de *Gorge* à Airaines, tenu du roi à cause de son château d'Airaines. »

État desdits fiefs en 1703. « Fief noble de *Gorge*, tenu du roi comme comte de Ponthieu, à cause de son château d'Airaines. »

Extrait des archives à Paris.

Le 12 décembre 1505, hommage au roi pour raison du fief et seigneurie de *Georges*, assis à Airaines.

Le 13 décembre 1505, aveu et dénombrement d'un fief nommé le fief de *Gorges*, sis au terroir d'Airaines, en Ponthieu.

Extrait de mémoires domestiques.

Tiré d'un cœuilloir intitulé Seigneurie de *La Gorgue*, à Airaines. — « Le 25 juin 1767, aveu donné à messire Antoine-Nicolas de Le Gorgue, écuyer, seigneur de Rôny, la Gorgue, etc., d'une maison et terre sis à Airaines, par Louis de Lassus, huissier à Airaines, ladite maison tenue du fief de *La Gorgue*, appartenant audit seigneur de La Gorgue-Rôny. Devant M⁰ Devismes, notaire à Abbeville. »

Elgorgue, fief en Ponthieu, tenu du roi dont relief foi et hommage le 9 mai 1714.

Extrait d'une lettre, communiquée par M. Dusevel, d'Amiens, le 16 novembre 1842.

« Airaines, le 28 octobre 1697. M. d'Avelesge vous dit que M. Desvernay, seigneur d'Esturzeux et de Métigny, avait fait saisir sur ledit sieur d'Avelesges et autres co-seigneurs de Métigny, 50 journaux de bois qu'il nomme le fief *de Le Gorge*... Ledit sieur d'Avelesges dit que le sieur Desvernay n'a qu'un méchant papier en forme de cœuilloir, où ledit fief de *le Gorge* est repris. Peut-être que, par la suite des temps, ledit fief de Le Gorgue a changé et s'appelle aujourdhui Furnival. Cela étant confus, je crois qu'il sera à propos d'aller à Saint-Valéry, voir les dénombrements fournis de cette terre. »

Extrait des coutumes locales du bailliage d'Amiens, publiées par M. Bouthors. Court et La Gorgue, fiefs de Halloy.

« Coustumes dont use... Le Viezier, demeurant à Doullens, sur deux fiefs situés en la terre et seigneurie de Halloy, tenus l'un, savoir : le fief de Le Court, de la comtesse de Vendosmois et de Saint-Pol à cause de... Orville, et l'autre, le fief de *Le Gorgue*, de monseigneur d'Esquerdes, à cause de sa terre et... de Caumesnil. Le 17 septembre 1507. »

L'original de ces coutumes se trouve à la cour d'Amiens. Il y a dans l'original : « Fiefs en la seigneurie de Halloy, nommés le fief de le Court et le fief de *Le Gorgue*. »

Extrait des manuscrits de M. Du Groriez, à Abbeville.

De le Gorgue. Ce nom qui paraît picard, signifiant, je crois, de *La Gorge* en français, est un des plus anciens de ceux qui subsistent encore à Abbeville, et cependant il n'en paraît pas originaire. Il y avait des personnages de ce nom que cite l'abbé Buteux, à Rue, dans une haute antiquité.

I, II. — RAOUL DE LA GORGUE

ÉCUYER, SERGENT D'ARMES ET GARDIEN DU COMTÉ

DE PONTHIEU ET D'ABBEVILLE,

ET SES ENFANTS JEAN ET NICOLAS.

Extraits de mémoires de famille.

Raoul de La Gorgue (vulgairement de Le Gorgue), gardien ou sergent d'armes du comté de Ponthieu et d'Abbeville, paraît depuis 1430 jusqu'en 1469. Ces sergents d'armes ou gendarmes étaient de vieux militaires ordinairement étrangers, attachés à des villes pour les défendre, apprendre aux bourgeois l'exercice de ces temps-là et les commander.

Raoul laissa deux fils, Collinet et Jeannet, qui étaient censés étrangers à Abbeville, parce que leur père l'était.

En 1472, après la mort de leur père, ils voulurent être bourgeois d'Abbeville; on les reçut honorablement et gratuitement, à cause des services de leur père. Voyez les mémoires du sieur Butteux, prêtre, qui avait vu cette réception. Leur famille était originaire de La Gorgue, en Flandre, une des villes du pays de Lalœue, petite contrée qui était jadis de l'Artois, avant l'acquisition que Margueritte, comtesse de Flandre, en fit d'Enguerrand de Coucy.

Nicolas de La Gorgue (Collinet), fut père de Wilmet ou Wulmer, vivant en 1493. Ledit Nicolas était déjà mort en 1484.

Wilmet, fils de Collinet de La Gorgue, lequel fut reçu bourgeois d'Abbeville, avec son frère Jeannet, en 1472, et ce gratis à cause des services qu'avait rendus leur père, Raoul de La Gorgue.

En 1430, le roi d'Angleterre était maître du Ponthieu. Raoul de Le Gorgue, sergent et gardien d'Abbeville en 1430, 1442, 1449; sergent d'armes sous le roi d'Angleterre.

Extrait des manuscrits de M. Du Groriez à Abbeville, qui se conforme aux notes de l'abbé Buteux.

Raoul, dit Raoulin de Le Gorgue, sergent et gardien de la ville d'Abbeville en 1430, 1442, 1450, 1455, 1469, demeurait paroisse Saint-Vulfranc. Il eut pour enfants : 1e Collinet, 2e Jeannet.

Collinet de Le Gorgue fut reçu, avec son frère Jeannet, bourgeois d'Abbeville, sans frais, à cause des services que leur père avait rendus à la ville, en 1472. Il vécut peu et était mort avant 1484; il fut père de Eustache dont la postérité est inconnue, et qui vivait en 1486, et de Wilmet, vivant en 1493, qui avait un fief à Saint-Maxent et un autre au.....

Extraits des registres aux délibérations de l'échevinage d'Abbeville, aux archives de l'Hôtel-de-Ville.

Aujourd'hui, troisième jour de décembre mil quatre cent cinquante-sept, au petit échevinage, en la présence de Jean de Limeu, mayeur, sire Nicolas Journe, sire Jean Laudée, sire Pierre Catine, maistre Guillaume de Cateux, Pierre Le Ver, Jean Carue, Robert Le Vasseur, Jacques d'Aoust, Jacques Clabaut, Mahieu d'Arrech, Fremin Cardiu Le Sueur, Jean Belliard, Robert Malot, Mahieu Gore, échevins, *Raoul de Le Gorgue*, sergent du roi nostre sire, a été ordonné et eslu gardien de cette ville au lieu de défunt Jacques Mareschal, qui aujourd'hui est allé de vie à trespas, aux gaiges, prouffits et émolumens y accoutumés.

Extrait des comptes des Argentiers d'Abbeville aux archives de l'Hôtel-de-Ville.

Aout 1460. Payé à *Raoul de Le Gorgue*, sergent du roi nostre sire en ladicte comté de Ponthieu et gardien de ladicte ville, la somme de 60 s. qui due lui estoit et qui payée lui a esté pour ses gaiges, définis audict office de gardien, durant ceste année, finant aujourdhui, si qu'il appert par sa quittance signée de son seing manuel en date du dixhuitième jour d'aoust, l'an mil quatre cent soixante.

Aout 1461. Payé à *Raoul de Le Gorgue*, sergent du roi nostre sire et gardien de ladicte ville, la somme de 60 sols qui due lui estoit et qui payée lui a esté pour ses gaiges oudict office de gardien de un an, finant aujourdhui, sy qu'il appert par sa quittance, signée de son seing manuel, en date du vingtquatriesme jour d'aoust, l'an mil quatre cent soixante-un.

1472. *Recettes faites des nouveaux bourgeois par les argentiers.* De Colinet et *Jehannet de Le Gorgue*, frères, pour pareil droit à eux accordé, et que en la faveur de feu *Raoul de Le Gorgue*, leur père, qui a esté gardien d'icelle ville, leur a esté donné, reçu pour ce... néant.

Cette même année furent reçus bourgeois Jehan Le Vasseur, Jacques de Hordes et Milet Roussel, moyennant finance.

Le 24 juillet 1476, Jehan de Bouberch, bachelier ès-lois, avocat en la sénéchaussée de Ponthieu, lieutenant du bailly d'Abbeville, auparavant lieutenant du sénéchal de Ponthieu, ès quels offices il a fait plaisir à la ville, est reçu bourgeois dudict Abbeville gratuitement et prête le serment de bourgeois.

Extraits de l'Histoire de la Milice française par le Père Daniel.

Vol. 2, p. 93 et suivantes. Dissertation sur les sergents d'armes.......
« C'étoient tous gentilshommes et même gens de qualité. J'en ai vu des listes dans quelques mémoriaux de la chambre des comptes de Paris et il se trouve de grands noms sur ces listes..... »

« Voici encore une grande distinction pour ceux qui composoient cette garde, c'est que nos rois leur confioient la garde des châteaux de la frontière...... Ils étoient armés de pied en cap et portoient l'armure complète. »

Vol. 2, p. 197. «Outre que ces gardes particuliers de l'artillerie en certains lieux étoient gens peu considérables ; et quoiqu'on y trouve quelques gentilshommes qu'on y reconnoît par leur qualité d'écuyer ou de sergent d'armes, il paroît que les autres n'étoient que de simples bourgeois.»

Extraits du Glossaire de Du Cange.

Tome 6, p. 423. Au mot sergent d'armes : «Iis persæpe castrorum custodiæ commendatæ. — Gesta S. Ludovici regis Francor. Castellanum Bellicardi (Beaucaire) servientem regis ad arma strenuum, proh dolor ! occiderunt. »

Sergents du roi. Tome 6, p. 428. «Servientes regis dicuntur regii apparitores qui aliàs servientes armorum dicuntur. *Continuator Nangis apud annum* **1323**. Quemdam servientem regis in baculo suo ut moris est regis servientibus, regis insignia deferentem proprio baculo interfuit.»
« ..... Hues Waspal tient sa terre par sergenterie et doit garder la porte du château de Rouen. Robert du Châtel tient sa terre du roi par sergenterie et doit aller comme sergent du roi à prendre les larrons..... »

Extrait du Glossaire de La Curne Sainte-Palaie.

« Sergent, très-souvent pris pour écuyer..... Sergent à cheval pour un écuyer..... Sergent pris pour un chevalier ou un écuyer de la maison du roi..... Sergent, simple cavalier ou gendarme... Sergens li roi ou sergens du roi, gentilshommes bien qualifiés. »

Extraits de l'Histoire de la Milice française par le Père Daniel.

Tome I, p. 135. « Parmi les servientes ou les sergens, il y en avoit qui portoient ce nom à cause de leur fief qu'on nommoit sergenterie ou sergentise: c'étoient des sergenteries nobles.... Quelques auteurs les appellent *magnæ sergentiæ*, grandes sergenteries ; c'étoient celles qui étoient tenues immédiatement du roi et non des seigneurs particuliers..... »

« Ces sergens et les autres qui .étoient gentilshommes de quelque importance sont dans les histoires fort distingués des autres servientes ou soldats qui étoient tirés de la populace ou de pauvres gentilshommes sans suite. »

Extraits des ordonnances des Rois de France.

Tome III. Ordonnance de Jean, roi de France, du 28 avril 1363, relative aux gens de guerre. — « Dans certains cas les gens d'armes pouvoient devenir sergens et les sergens gendarmes. »

T. III, p. 32. Sergenteries fieffées et à héritage étaient des offices de sergents donnés en fief ; ces offices étaient quelquefois joints à des terres fieffées, quelquefois à des terres non fieffées ; quelquefois ils étaient sans terres.

T. IV, p. 26. Au mois de décembre 1350, Jean I, roi de France, à la prière et supplication des mayeur, échevins et communauté de Saint-Ricquier en Ponthieu, promet de les prendre sous sa sauvegarde et leur donne pour gardiens spéciaux Jean de Dommart, Pierre de Bouberch et Étienne Harnaz, ses sergents de ladite prévôté de Saint-Ricquier de l'ordonnance desdits sergents ; pour conserver ladite ville et habitants dans tous leurs droits, possessions..... les défendre de toutes injures, violences, oppressions par la force des armes..... il donne aux gardiens sa pleine puissance..... pour faire toutes choses appartenant à office de gardien spécial. »

T. VI, p. 683. Au mois de novembre 1366, le roi Charles V confirme les lettres de sauvegarde que le roi Jean son père avait données à l'abbaye de Saint-Ricquier, et comme Jean de Dommart et Étienne Harnas étaient morts et que Pierre de Bouberch ne se servait pas de son office de sergenterie, il nomme gardiens spéciaux de ladite abbaye Jean de Buigny, Jean de Sarton, Bernard de Leures, Guillaume de Hesdin..... ses sergents au bailliage d'Amiens.

T. V. p. 270. Au mois de décembre 1349, Philippe de Valois accorde des lettres de sauvegarde royale à la ville d'Abbeville et lui donne pour gardiens Jehan de Dommart, Pierre de Bouberch et Jean de Hallencourt, ses sergents en la baillie d'Amiens, auxquels il donne plein pouvoir et autorité pour maintenir lesdits maire, échevins, communauté, sergents et officiers de ladite ville, en leurs biens, possessions, juridictions, droits, usages, coutumes, libertés et franchises dont ils jouissent d'ancienneté, garder et défendre leurs biens de toutes injures, violences, griefs, oppressions, molestations, de force d'armes, de puissance de lais et de toutes autres nouvelletés indues, mettre en la main du roi les débats contentieux, assigner un jour compétent aux parties devant les juges ordinaires, faire défense à tous de ne méfaire à ladite ville, de lui faire rendre ce qui lui a été pris injustement et généralement de faire toutes choses qui à office de gardien peut et doit appartenir. Et au cas où les trois sergents du roi et gardiens des suscits seraient morts ou occupés de besognes du roi, le bailli d'Amiens ou le gouverneur du Ponthieu pourraient commettre d'autres sergents du roi gardiens. Il commande à tous ses justiciers et sujets que auxdits Jehan de Dommart, Pierre de Bouberch et Jehan de Hallencourt, comme à ses sergents et gardiens de ladite ville, ils obéissent et entendent diligemment en toute chose qui à office de gardien peut et doit appartenir.

Lettres du mois de mars 1369 du roi Charles V qui confirment les lettres ci-dessus.

Les ordonnances des rois de France, les Olim ou arrêts de la cour du roi, traitent longuement des sergents du roi nommés gardiens des villes et abbayes, de leurs fonctions qui consistaient non-seulement en ajournements, mais aussi dans la défense par la voie des armes, ce qui fait voir qu'ils étaient militaires, et la plupart de ces sergents portaient des noms connus.

Dryeu de Bruneville, Jean de Dommart et Colart le Messagier, sergents du roi, font commandement aux maire et échevins d'Abbeville de se mettre en la prison de Saint-Ricquier en 1333. (Archives de Paris, cartons des chartes sur le Ponthieu.)

Le dixième jour de juin 1335, Jean de Dommart, sergent du roi, va au châtel de Gamaches ajourner de la part du bailli d'Amiens, et à la requête du sénéchal du Ponthieu, le comte de Dreux, lui disant que ledit château était au maréchal de France. Il scella ces lettres de son scel. (*Id.*)

Grard d'Ausnoy, Huart de Mailly et Robert de Bournonville, sergents du roi au bailliage d'Amiens en 1335; le dernier février 1335, ledit Huart de Mailly justicie le doyen et chapitre d'Aire et fait vendre ses biens. (Mémoires de la Société des antiquaires de Picardie, 10e volume, 2e partie, p. 361.)

Jean de Maillefeu, sergent gardien de la ville d'Amiens, ailleurs dit sergent du roi, gardien de la ville, reçoit un présent de vin à cause de sa charge de gardien en 1390. (Coutumes locales d'Amiens, par M. Bouthors.)

Guillaume de Wignacourt, sergent li roi de la prévôté de Beauquesne, en 1474.

On pourrait multiplier les citations de cette nature.

III. — JACQUES DE LA GORGUE

SEIGNEUR DE FIEFS A SAINT-MAXENT ET A LONGUET,
ÉPOUX DE MARIE LE MOICTIER.

Extrait du manuscrit de M. Du Groriez, à Abbeville.

« Jean de Le Gorgue dit Jeannet, fils de Raoul, vécut fort vieux et fut
père de Jacques, demeurant à Abbeville, paroisse Saint-Gilles, marié à
dame Marie Le Moictier qui pourroit être fille de Christophe et de Marie
du Quesmont. »

Extraits des manuscrits de l'abbé Buteux.

Jeannet ou Jean, fils de Raoul, fut père de Jacques qui épousa Marie
Le Moictier et mourut jeune en 1531.

Extrait des manuscrits de D. Grenier, p. 15, art. III.

Copie faite en 1761 par D. Caffiaux sur original existant au château
d'Hénencourt. « Recepte de l'an 1529 (*orig.*) faite par Jacques de La
Meth, sieur de Saint-Martin, capitaine de Corbie, chevalier, commis à
recevoir les deniers provenant du don ou octroi fait au roi en l'an 1529,
par les gentilshommes tenant nobles fiefs au bailliage d'Amiens, de la
dixième partie du revenu desdits fiefs nobles qu'ils tiennent audit bailliage,
pour subvenir au payement de sa rançon et recouvrement de messieurs
ses enfants. Chaque homme de fief noble y est nommé avec ce qu'il a
payé. La somme totale de la recepte monte à 5,603 liv. 7 s. 6 d.

«Pierre et Philippe Calonne, Jean de Bonval, Mᵉ Adrien d'Estrées, Jean
Malicorne, Antoine d'Estrées, Guillaume de Cohen, Jean de Saint-Sup-
plix, Mᵉ Jérôme Rohaut, Gilles Lamiré, Nicolas et Jean Truffier, Charles
Personne, Galliot Le Warde, Simon Rambures, Gaillot de Waverans,
Pierre de Calonne, Jean d'Ault, Jean de Gouy, Jeannet de Machy, François de La Houssaye, Jean de Saint-Amand, Philippe d'Aigneville, Jean
de La Chaussée, Philippe de Mailly, Jeannet Pérache, Jacques et Mᵉ Pierre
Boussart, Jean Maillart, Simon d'Oresmieux, Jean de Monchaux, Pierre
de Biencourt, Jean de La Chapelle, Thomas de Fay, Adrien de Rambures, Antoine de Lannoy, chevalier, Antoine et Artus de Pisseleu, Martin
d'Ostreel, Robert de Le Rivière, Julien d'Ococh, Mᵉ Pierre de La Porte,
Demoiselle Jacqueline de Montmorency, Jean de Hercelaines, Charles de
Rubempré, Jean de Belleval, Robert de Mailly, Guillaume de Cresecques,
Guillaume d'Ococh, Pierre Langlois, Pierre Rohaut, Jean Quieret, Bas-
tien Le Blond, Nicolas Aliamet, Jean Hallescourt, Pierre Blottefière,
Monsieur de Rambures, Demoiselle Charlotte de Bruneville, Jean de

Forcheville, Guillaume de Courteville, Jean de Coppequesne, Thierry de Licques, Charles et Adrien de Saint-Blimont, Jacques de Scepaux, Jacques d'Aoust, Pierre d'Ailly, Jean Perrache, François Mourette, François de Riencourt, Jean de La Houssaye, Jean d'Acheu, Antoine des Essarts, Charles de Moyencourt, Jean et Nicol Rohaut, Jacques de Biencourt, Guillaume de Framecourt, Jean de Licques, Jean d'Offegnies, Guillaume de Haucourt, messire Jean de Haucourt, chevalier, Pierre, Jacques et Louis de Fontaines, demoiselle Jeanne Quieret, Pierre de Béry, écuyer, Ch. d'Aumale, Jean de Vaux, Catherine de Bertaucourt, *Jacques de La Gorgue*, Jean du Bos, dame Lamberde de Brimeu, Antoine Rune, écuyer, messire Jean de Hallevin, chevalier, Jean de May, Antoine de Mérélessart, Jean de Boille, Adrien Wignacour, Louis Quiéret, écuyer, Jean Quiéret, Jean de Glisy, Jean d'Aigneville, Charles du Fay, Jeanne Quiéret, François d'Azincourt, Me Louis de Belloy, Claude Clabaut, Jean Roussel, Jean de Hallencourt, Charles de Sesseval, Quintin Rohaut, M. Nicolas de Montmorency, chevalier, M. Guilart de Brimeu, chevalier, dame Claude de Monchy, Hubert de Monchy, Michel de Caumesnil, Charles de Roye, demoiselle Marie d'Abbeville, Jean de Boubers, Jean de Miannay, écuyer, messire Louis de Roncherolles, chevalier, M. Charles de Roye, chevalier, Jacques de Grambus, Hugues de Belloy, Louis de Friencourt, Charles des Essarts, Robert d'Ailly..... et beaucoup d'autres. »

Extrait de documents inédits sur la noblesse de Picardie, imprimés en 1860, d'après les mémoires d'un ancien généalogiste.

« *Jacques de le Gorgue* achète 13 journaux de terre, à Maisnières, à Jean Le Prévost de Plouich, en 1523. »

IV. — JEAN DE LA GORGUE

SEIGNEUR DE RETONVAL ET DE FIEFS NOBLES
A SAINT-MAXENT ET A LONGUET,
ÉCHEVIN D'ABBEVILLE EN 1537, ÉPOUX DE HENRIETTE
ALIAMET, DAME DE RETONVAL, ET SES ENFANTS.

Extrait du contrat de mariage de Marie de Le Gorgue avec Hugues Rohaut, seigneur de Condé, passé devant honoré Leblond et Jean Poirion, notaires en Ponthieu, du 7 juin 1552.

Ladite Marie y est dite fille de demoiselle Margueritte Griffon, veuve de Nicolas de Le Gorgue, lequel était fils de Jacques et de Marie Le

Moictier. A ce contrat comparaît Jean de Le Gorgue, oncle de ladite
Marie et par conséquent fils dudit Jacques.

Extrait du contrat de mariage de Nicolas de Le Gorgue avec An-
toinette Maillart devant Gallet et honoré Leblond, notaires en Pon-
thieu, du 25 septembre 1555.

Dans ce contrat ledit Nicolas est dit fils de demoiselle Margueritte
Griffon, veuve de Nicolas de Le Gorgue, fils de Jacques et de Marie Le
Moictier. Jean de Le Gorgue y comparaît comme oncle du futur ; il était
donc fils de Jacques et de Marie Le Moictier. Ledit Nicolas y déclare
des terres à Saint-Maxent venant de Nicolas son père, et d'autres terres
à Longuet venant aussi de son père et tenues de *Jehan de Le Gorgue* à
cause des fiefs qu'il a auxdits lieux.

Extrait de l'inventaire après décès de noble homme Jean de Le Gorgue,
seigneur de Retonval, époux de Margueritte de La Garde, des
mois de juin et juillet 1658, devant maître Louis Dacheux, notaire
à Abbeville.

Au nombre des titres et papiers se trouve « le contrat de mariage en
parchemin de *Jean de Le Gorgue* avec Henrie Aliamet du 14 janvier
1530. Signé Le Devin. Le 15 juin 1552 et le 14 mars 1560, aveux par
Jean de Le Gorgue de deux nobles fiefs sis au terroir de Bouillencourt
en Séry.

Extrait de l'Histoire des mayeurs d'Abbeville par le père Ignace
Sanson, carme déchaussé, année 1535.

Mayeur : Jean Carpentin, seigneur de Barlettes, Bray et Lugermont ;
échevins : Charles Cornu, Lancelot de Bacouel, qui mourut, et fut mis en
sa place Jacques de Boussart, Gilles Lamiré, Nicolas Le Fevre, *Jean de*
Le Gorgue, Pierre Lescuyer, Nicolas Billot, Nicolas Rivillon.

Extrait des registres aux délibérations de l'échevinage d'Abbeville,
aux archives de l'Hôtel-de-Ville.

« Le cinq octobre mil cinq cent trente-quatre, délibération de l'éche-
vinage d'Abbeville, par-devant Charles Cornu, mayeur. Présens L. de
Bacouel, J. Billot, *J. de Le Gorgue*, J. Lavernot, J. Sanson, P. Gallant,
N. de Saveuses, P. de Le Follye, P. Lorfévre, Mourette, d'Acheu, H. Le
Blond, Gallespoix, J. Lenglacié, N. Lenglès et J. Lamiré, echevins assem-
blés au grand eschevinage au son de la cloche appelée appel eschevins. »
Le treize février mil cinq cent trente-quatre, délibération par-devant
C. Cornu, mayeur, *de Le Gorgue* et autres échevins.
« Le 22 août mil cinq cent trente-quatre délibérations de l'échevinage

par-devant P. de Bacouel, mayeur, Gilles Lamiré, N. Lefévre, N. de
May, J. Sanson, J. Dacheu, S. Belle, P. Gallan, M. Gouvion, N. Lescuier,
G. Le Roy, J. Wallon, C. Touzel, P. Lorfévre, N. Rohaut, J. Lavernot;
N. de Savenses, F. Mourette, *J. de Le Gorgue*, J. Groul, échevins, as-
semblés au grand échevinage au son de la cloche.

Le sept avril mil cinq cent trente-cinq, assemblée de l'échevinage devant Cornu mayeur, Doresmieux, Lamiré, Le Fevre, Le Blond, Sanson,
Belle, Mourette, Lescuier, *de Le Gorgue*, Saveuses, Coulon, Gallespoix
échevins.

Le quatorze mai mil cinq cent trente-cinq, assemblée de l'échevinage;
présents : Cornu mayeur, Lamiré, Lefévre, Gallant, Groul, Lorfévre,
Gouvion, Lavernot, Wallon, Follic, Sanson, Saveuses, Lescuier, Belle,
Bilot, Rohaut, *de Le Gorgue*, eschevins.

Le treize août 1535, dix-sept janvier, 3 mars, 10 mai et 18 octobre
1535, assemblées de l'échevinage où se trouve *Jean de le Gorgue*,
échevin.

Abbeville était une des villes de France dont les mayeurs et échevins
jouissaient de la noblesse héréditaire. Les autres villes étaient Bordeaux,
Lyon, Toulouse, Angoulême, Cognac, Poitiers, Niort, La Rochelle,
Saint-Jean-d'Angély, Angers, Bourges, Tours et Nantes. L'abbé Buteux
dit que ces lettres de noblesse pour les mayeur et échevins d'Abbeville
ont été accordées par le roi Charles V au mois de novembre 1380. Voy.,
sur cette matière, d'Hozier qui rapporte diverses lettres de confirmation
de ce privilége. Louis XIV l'anéantit en 1667, mais le rétablit par un
édit donné, à Marly, au mois de mai 1707, confirmant dans le privilége
de noblesse héréditaire les maire, échevins et autres officiers des villes
d'Angoulême, Cognac, Poitiers, Niort, La Rochelle, Saint-Jean-d'Angély, Tours, Angers, Bourges, Abbeville, Mantes.

Extrait des archives de l'Hôtel-de-ville d'Abbeville.

Déclaration des fiefs possédés par les habitants d'Abbeville avec ce
qu'ils payaient pour le ban et arrière-ban. Cet état n'est pas daté, mais
il doit être de 1530 à 1535.

« Jacques d'Aoust paye pour ses fiefs 6 l. 13 s. Jacques des Groseillers
21 s. 6 d. Maître Nicole Le Roy 34 s. Jean de Maupin 9 s. Jean Balleu
30 s. Maître Christophe Blotefière 4 s. Charles Cornu 68 s. Louis Roussel.
Jean de Caux. Jean de May élu. Hugues de Belloy. Maître Pierre du Maisniel. Maître Jacques Carpentin. Maître Philibert Carpentin. Jacques Groul.
Gilles Lamiré. Jean Yver, fils de Jean. Demoiselle Jeanne de Le Warde.
Jean de Lavernot. Gallois de Wavrans. Jean du Mesnil, écuyer. Adrien
Morel. Jean de Calonne. Thierry de Lisques. Pierre Le Ver. Jean Da-
miette. Demoiselle Margueritte de Nouvillers. Demoiselle Isabeau Boussart. Nicolas de Wacoussains. Jean d'Ococh fils Armand d'Ococh. Demoiselle Jeanne de Calonne. Demoiselle Françoise Petit, demeurant chez
Thomas Gallet. Jean Wallon. Demoiselle Claude de Wignacourt. Demoiselle Jeanne de Hondecoustre, mère de Ferry du Boisle. Mahieu Le Sage.

Maître Jacques de Saint-Pol. Nicolas Le Fuzelier. Robert Carbonnier. Jean Blottefiere. Andrieu Morel, fils Adrien. Jacques de Le Court. Jean Le Caron. Jean de Lessau. Pierre Gallet. Pierre Lorfévre. Pierre Cotard. Demoiselle Collaie Lefebvre. Jacques Lenglacié. Pierre de Calonne. Philippe Warnier. Herry Rivillon. Nicolas de Poilly. Geffroy Boucher. Jean Le Prevost. Pierre de Saveuses. Hippolyte Lescouvé. Maître Jean Gaillard. Simon Gallant. Jean Le Febvre. Demoiselle Marie Yver, veuve. Demoiselle Marguerite Le Noir. Jean de Canchy. Nicolas d'Oresmieux. Catherine Lenglachié, veuve. Gabriel·Briet. Hippolyte Papin. Nicolas Aucosté. Antoine Malot. Collaie Pignié. Fremin Descaules. Fremin Gallespoix. Maître Pierre Doresmieux, avocat. Jean d'Acheu. Jean Boulon, dit d'Acheu. Jean Truflier, fils Honoré. Jean Delf l'aîné. Jean des Gardins. Jean Le Boucher. Maître Jean Advisse. Jean de Baconël l'aîné. Jacques Fuzellier. Jean de Labbie. Jean Lourdel. Jean de Saveuses. Louis Le Comte. Sire Louis de La Fresnoye. Demoiselle Madelaine Cornu. Robert Canu. Gabriel d'Aboval. Hippolyte de Lestocq. Guillaume Manessier. Nicolas Tripier. Demoiselle Françoise d'Estrées. Jean Pérache. Barbe de Saveuses. Jacques Griffon. Andrieu Douville. Maître Antoine de Buigny. Marie Foulon. Raoult Potier. François de Le Warde. Josette de Le Court. Jean Toullet. *Jacques de Le Gorgue*, 26 s. 6 d. Pierre Waingnart. Jean Malicorne. Guillaume Briet. M. de Bascouel pour lui et son fils, Philippe de Baconel. Jean Lyver, maître des ouvrages. Collaye Lyver veuve. Jean Becquefevre. *Jean de Le Gorgue*, 18 s. Madame de Soteville veuve. Jean Nourrequier. Louis Andrieu. Jean Godart. Jean Le Hochart. .... Calippe. Jean Brocquier. Nicolas Warré. Nicolas Alyamet l'aisné. Jacques Royel. Jean d'Aboval. Demoiselle Jeanne Flourie. Catherine Le Sceiller veuve. Ricquier de Ribeaucourt. Jean Marcotte. François Mourette. François Le Maistre. Gautier Poulletier. Ollivier Chivot. Nicolas de Cheruy. Jean de Le Campagne. Gabriel Asselin. Simon Belle. Antoine Le Roy. Collaie Le Mercher. Mahieu d'Arrest. Herry Poiret. Nicolas Lenglès. Nicolas Rohaut. Artus Pisscleu. Jean Gallet. Adrien Gaillard. Nicolas du Maisniel. Jacques du Maisniel. Artus Papin. Thomas de Monchaux. Maître Jean Cannesson. Jean de La Barre. Alliame Gouvion. Ancel de Le Warde. Demoiselle Adrienne de Hesdin. Maître Robert Boullain. Nicolas Savary. Demoiselle Jeanne Daniette. Demoiselle Antoinette des Groseillers. Margueritte Griffon. Thibaut Gallespoix. Guillaume de Framecourt. Raoult de Huppy. Robert Gaillard. Maître Jacques Boussart. Antoine de Saint-Soupplis. Jean Mourette. Andrieu Morel, le jeune. Guillaume de Calonne, fils de Philippe. Josse Beauvarlet. Charles Lourdel. Hippolyte du Hamel. Noële Lavernier, veuve de Jean Le Sueur. Total 203 l. 15 s. 10 d.

« C'est le rôle du ban et arrière-ban porté à Amiens pour les fiefves, »

Extrait des mêmes registres.

« Minutes du ban et arrière-ban convoqué par-devant nous Guillaume du Caurel, chevalier, seigneur dudit lieu Taisnel, bailly d'Amiens, suivant les lettres patentes du roi nostre sire données à Paris le 26e jour d'aoust mil cinq cent cinquante sept.

« Rolle de la prevoté de Beauvoisis....

« Rolle des gentils hommes demeurant en la prevoté de Saint-Ricquier avec des fiefs qu'ils possessent situés tant en ladite prevoté que en
autres prevotés, appelés le seizième septembre 1557 par-devant G. du
Caurel, bailly.

« Jean de Calonne, seigneur et baron d'Alembon. Philippe de La
Meth, escuier, seigneur de Hénencourt. *Jean de Le Gorgue*, demeurant
à Abbeville, tient deux fiefs seans au terroir de Longuet, prevoté de
Saint-Ricquier, tenus du seigneur dudit Longuet estimé 26 septiers de
bled et 20 septiers d'avoine, ung en argent, ung pouretant en valeur
de quatre livres quatre chapons et deux poules. Jean Gaude, demeurant
à Abbeville, pour un fief à Conteville. Jean de la Trémoille, escuier,
seigneur de Longuet. Haut et puissant seigneur Nicolas Rouault pour la
terre du Plouis. Jacques d'Ault, écuyer, seigneur de Fraussures. Adrien
de Boubers, escuier, seigneur de Boullain........ »

Extrait des mêmes registres.

« Rolle des fieffés de la prevoté du Vimeu qui comparoissent au ban
et arrière-ban par la même convocation en 1557.

« Antoine de Lestoille. Pierre de Montenescourt. Antoine de Wate-
blerie. Mathieu de Bommy pour un fief à Vaulx. Maistre François Mourette. Jacques du Maisniel. Jean de Fontaine. Jean Manessier. *Jean
de Le Gorgue* d'Abbeville tient deux fiefs, l'un au terroir de Bouillencourt en Séry tenu de la seigneurie de Lambercourt, l'autre tenu
de la seigneurie de Saint-Maxens. Jean Rohaut, la terre et seigneurie de Condé et de Longpré tenue de la seigneurie d'Avesnes. Jean du
Maisniel, le fief de Longuemort, le fief de Triconval et le fief de Fresnoye. Jean Gaude d'Abbeville, un fief à Limeu. Jean et Nicolas Danzel,
des fiefs à Buicourt, Infray, Frettemeule, Maigneville. Jean Maillart Le
Jeune. Jean Canu, seigneur des Rimets. Maître Christophe Blottefière.
Nicolas de Wacoussains. Maître Jean Lamiré. Antoine de Haudrechies.
Demoiselle Claude de Wavrans, veuve de Paul d'Acheu. Maître Nicole Le
Roy, procureur du roi à Abbeville. Marie de Feuquerolles, veuve de
Jean Ballen. Antoine et Zacharie de Boulogne. Pierre de Machy. De-
moiselle Louise de Remaisnil, veuve de Jacques de Belleval.... et beau-
coup d'autres. »

*Extrait de documents inédits sur la noblesse de Picardie imprimés
en 1860, d'après les mémoires d'un ancien généalogiste.*

« *Jean de Le Gorgue* comparoît avec son frère Jacques pour ses fiefs
en 1550.

« Contract du 17 mai 1558 passé devant Honoré Le Blond, notaire à
Abbeville, par lequel François de Canteleu, seigneur d'Orbendas, receveur

général des finances du roi en Picardie, constitue en faveur de *Jehan de Le Gorgue*, demeurant à Abbeville, une rente annuelle de 41 l. 13 s. 4 d. pour récompense de la somme de 500 l. tournois qu'il a payée à Jehan Le Febvre, receveur général des finances du roi en Picardie, suivant les ordres du roi, pour la subvention des gens de guerre. »

Extrait fait le 22 octobre 1769 d'un contrat passé devant Christophe Loingtier, notaire à Abbeville, le 17 mars 1576, qui se trouvait dans le trésor des titres de l'église Saint-Gilles d'Abbeville.

« Sont comparus en personne *Jacques de Le Gorgue*, demeurant en ladite ville d'Abbeville, fils et héritier de défunt *Jean de Le Gorgue* et demoiselle Henrie Aliamet, *Jean de Le Gorgue*, fils puîné desdits défunts, Jean Crignon, mari et bail de Jeanne de Le Gorgue; lesdits Jacques, Jean et Jeanne de Le Gorgue, avec défunte Marie de Le Gorgue, à son décès femme de Guillaume Pérache, légataires universels de ladite Henrie Aliamet, icelle Henrie aussi légateresse dudit défunt Jean son mari; lesquels ont fondé en l'église de Saint-Gilles 12 hauts obits le 26 de chaque mois de l'an en l'hôtel de Saint-Nicolas et un bas obit par chacune semaine de l'an le jour de vendredi pour feu *Jehan de Le Gorgue* et Henrie Aliamet; par lequel appert que ledit Jehan de Le Gorgue, par son testament reconnu par-devant notaires en Ponthieu, le 18e jour de février 1562, et Henrie Aliamet, par son testament reconnu par-devant notaires royaux en Ponthieu, le 18 juin 1563..., ont fait ladite fondation moyennant 25 l. de rentes constituées par ledit Jacques de Le Gorgue, remboursables au denier 16 moyennant 400 livres. Par leurs testaments lesdits défunts ordonnent ladite fondation et veulent être enterrés en la chapelle Saint-Nicolas de l'église Saint-Gilles. »

Extrait des généalogies de M. Du Groriez, à Abbeville.

« Enfants de Jean de Le Gorgue et de demoiselle Henriette Aliamet, dame de Retonval : 1º Jacques; 2º Jean, seigneur de Retonval; 3º Marie, aînée, mariée d'abord à Guillaume Perrache d'Aumale, ensuite à Jean Langlais, dont du premier lit Michel, Sainte, Marie et Anne Perrache vivants en 1563, et du deuxième lit Adrien et Jean Langlais; 4º demoiselle Jeanne de Le Gorgue a testé le 19 octobre 1595 devant Me François Descaules, notaire à Abbeville; elle ordonne sa sépulture en la chapelle de la Vierge de l'église Saint-Gilles. L'inventaire après son décès est du 12 juin 1596, devant Pierre Le Févre et François Descaules, notaires a Abbeville, mariée par contract du 18 janvier 1571 devant Jean Le Prevost et Nicolas Le Febvre, notaires, à Jean Crignon, fils de feu Nicolas et de demoiselle Gabrielle d'Aboval dont suite; 5º demoiselle Marie de Le Gorgue la jeune vivoit en 1563 que sa mère lui lègue. »

Ledit Nicolas Crignon, fils de Enguerrand, seigneur d'Yonville, né en 1484, et de demoiselle Suzanne de La Fosse. (D. Grenier.)

V. — JEAN DE LA GORGUE

SEIGNEUR DE RETONVAL, RÔNY, SAINT-ÉLOY,
ÉPOUX DE DEMOISELLE FRANÇOISE MOURETTE,
DEMOISELLE DE RÔNY, ET SES ENFANTS.

Extraits des Mémoires de l'abbé Buteux.

« Jean de Le Gorgue, marié à Henriette Aliamet, père de Jean, marié à Françoise Mourette, père de Jean, marié à demoiselle de La Garde, père de Jean, allié à demoiselle Lallemand... — Jean de Le Gorgue paroît, avec son frère Jacques, en 1550, n'étoit encore qu'enfant, a vécu 90 ans, étoit le dernier de sa maison, fut allié à Françoise Mourette, nièce et en partie héritière de M. François Mourette, avocat du roi... »

Contract du 19 juin 1558, devant Honoré Le Blond, notaire à Abbeville, par lequel Jehan de Le Gorgue Le Josne, demeurant à Abbeville, se porte plége et caution de Pierre Dury, demeurant à Abbeville, pour la somme de 80 écus d'or sol pour laquelle ledict Dury étoit prisonnier au grand échevinage, par le commandement de monseigneur de Morvillers, moyennant laquelle caution ledict Dury est délivré. (Étude de M. Le Gris, notaire à Abbeville en 1862.)

Extrait des archives de l'Hôtel-de-Ville d'Abbeville.
Registres de l'échevinage.

« Le 16ᵉ jour d'octobre 1576, ont été tirées deux chartes, l'une de 1369, l'autre de 1306, relatives à la ville d'Abbeville. Par-devant Hector de Bommy, escuier, sieur de Vaulx ; présens : J. Le Porcq, de Le Gorgue, Rohaut... échevins ; F. Caisier, procureur fiscal : J. Le Bel, greffier. »

Extraits de l'inventaire après décès de Jean de La Gorgue de Retonval, époux de demoiselle Margueritte de La Garde, de l'an 1658, devant Louis Dacheux, notaire à Abbeville.

« Un dossier de 10 pièces faisant mention de la convocation du ban et arrière-ban de Jean de Le Gorgue, pour un fief situé à Bouillencourt en Séry, en l'année 1569.

« Une sentence, rendue au siége de la sénéchaussée de Ponthieu, le 26 avril 1597, entre feu Jean de Le Gorgue, mari et bail de demoiselle Françoise Mourette, contre demoiselle Marie de Grambus, et deux quittances de ladicte de Grambus de l'an 1626. » Marie de Grambus étoit veuve de François Mourette, escuier, sieur de Maisons et Cumont, oncle de ladicte Françoise.

« Une liasse de 26 pièces, qui sont quittances et mémoires de ce que maistre Jean de Le Gorgue, père dudict défunt, a payé pour défunt Nicolas de Boullongne, sur les deniers qu'il auroit promis à sa fille lors de son mariage.

« La minute du testament olographe de Jean de Le Gorgue, père dudict défunt, en date du 28 janvier 1628. »

Extrait du premier volume des coutumes de Ponthieu, p. 271.

« Arrêt de 1594, infirmatif d'une sentence de 1593, entre M. le procureur-général, ayant pris le fait et cause de son substitut en cette sénéchaussée ; Antoine Boullenger et Jean Delegorgue, tuteur d'André de Blottefière, parties plaidantes. Il étoit son oncle à la mode de Bretagne. »

Extrait des minutes de Claude Becquin, notaire à Abbeville.

« Le 6 août 1578. Ancel Bellenger, demeurant à Abbeville, s'est approché de Robert de Le Gorgue, nagaires receveur du domaine de Ponthieu, et lui a dit que pour faire cesser toute occasion de procès... ledict Robert offrant de déduire audict Bellenger ce qu'il a reçu de lui avec 21 écus 2 tiers, que icelui Bellenger a payé à Jehan de Le Gorgue, à plusieurs fois, en faisant apparoir d'acquit jusqu'au 21 mars 1570, que icelui Jehan a été comis ou lieutenant dudict de Le Gorgue, lequel, par ce moyen, l'exemptera des dépens et intérêts depuis le 2 novembre 1568... Signé R. de Le Gorgue, Ancellot Bellenger, Bonjonnier. »

Extrait des registres de la paroisse Saint-Gilles à Abbeville.

« Le 5 avril 1572, a été baptisé un fils à Jean de Franqueville. Parrains, Philippe de Bomy et Jehan de Le Gorgue ; marraine, Françoise Mourette. »

Extrait des registres de la paroisse Saint-Sépulchre.

« Le 27 mai 1609, a été baptisée Margueritte, fille de Jacques Cornu. Parrains, Jean de Le Gorgue, Jean de Gomare, Jean du Four ; marraines, Marie de Le Gorgue, Margueritte Mourette, Margueritte de Le Gorgue. »

Extrait du testament de Jean de La Gorgue et de demoiselle Françoise Mourette, sa femme, du 14 octobre 1615.

« In nomine Domini, amen. Nous, Jehan de Le Gorgue et Françoise Mourette, estans sains d'entendement... Voulons nos corps, nos ames en séparées, estre inhumés dans l'église Sainct-Gilles, en la chapelle Sainct-

Nicolas... donnons au bureau des pauvres 24 livres, à la charge qu'ils assisteront à nos enterremens, à l'Hôtel-Dieu, à la fabrique de Sainct-Vulfranc, aux Cordiliers... donnons à François, nostre fils aîné, le fiefve séant à Bouillencourt en Séry, venant de nostre oncle, monsieur François Mourette... donnons à Jean de Le Gorgue, nostre fils puîné, le fiefve appelé Restonval, séant à Bouillencourt, en Séry, tenu du sieur de Rambures... »

Extrait des généalogies de M. du G., à Abbeville.

« Jehan de Le Gorgue fut sieur du fief de Retonval que sa mère lui légua en 1563, fit avec sa femme un testament mutuel, le 4 mai 1620, devant Me Descaules, et, devenu veuf, il fit un codicille le 21 juin 1624, fit un autre testament olographe le 28 janvier 1628, et un codicille, étant alors malade, le 10 avril 1628, et mourut âgé, dit-on, de 94 ans. Marié vers 1575, par contract, qu'on dit passé devant Me Ézéchias Boujonnier, notaire à Abbeville, à demoiselle Françoise Mourette, dame du fief de Rosny, sis à Bouillencourt en Séry, fille de Mathieu et de dame Roberte Le Canu, sa première femme. Elle fut héritière en partie de noble homme François Mourette, sieur de Cumont, procureur du roi à Abbeville (son oncle). Ils firent hommage de leur fief de Rôny, le 11 mars 1604; elle étoit morte avant 1624. Leur sépulture est en Saint-Gilles, chapelle Saint-Nicolas. Père de : 1° François, sieur de Rosny, mort le 22 janvier 1649, et inhumé à Sainct-Gilles; 2° noble homme Jehan, qui suit; 3° Demoiselle Antoinette, testa le 10 septembre 1617, morte 3 jours après, mariée avant 1597 à Jean de Gomart (ou Gomaire); 4° Demoiselle Marie, mariée par contract du 4 janvier 1597, devant François Descaules, à Me François Rohaut, fils de Bernard et de demoiselle Georgette Le Bel, dont suite; 5° Demoiselle Margueritte, a testé le 4 août 1620, devant du Rot, notaire à Oisemont, mariée à Nicolas de Boullongue, sieur du Hamel, veuf de demoiselle Marie Le Sueur, fils de Jean, sieur du Hamel, et de demoiselle Catherine Machart; 6° Demoiselle Marie de Le Gorgue, mariée par contract du 3 ou 13 janvier 1608, devant François Romerel, notaire à Abbeville, à Jacques Cornu, né en 1585, fils de Henry et de demoiselle Margueritte du Four, lequel se remaria à demoiselle Antoinette de Monchaux. »

« Ledit Jean de Le Gorgue fut argentier d'Abbeville, en 1588. »

« Dans le contract de mariage de noble homme Nicolas Allamet, avec demoiselle Marie de Le Court, devant Claude Becquin, notaire à Abbeville, Jean de Le Gorgue comparoît comme cousin germain, et il est dit que ledict Nicolas tient des terres à Bouillencourt en Séry, de lui (à cause de son fief de Restonval). »

VI. — JEAN DE LA GORGUE

SEIGNEUR DE RETONVAL, RÒNY, SAINT-ÉLOY,
ÉPOUX DE MARGUERITTE DE LA GARDE,
ET SES ENFANTS.

Extrait des mémoires de l'abbé Buteux.

« Jean de Le Gorgue, allié à demoiselle Françoise Mourette, père de Jean, allié à Madelaine de La Garde, petite-fille de Galiot, dont 3 fils et 3 filles : 1° Jean, allié à demoiselle Marie Lallemant, dont 17 enfants (ne reste que M. de Rony, lieutenant général à Boulogne).

2° Jacques de Retonval, marié à la demoiselle de Lattre, dont Jacques, prévôt des maréchaux et autres.

3° Philippe de Saint-Éloy, lieutenant-colonel, marié à demoiselle Margueritte de Lengaigne, dont une fille, mariée à M. de Belleval de Boisrobin, cadet.

4° Margueritte, femme de M. Vildor.

5° Une autre, femme de M. François de Ray.

6° Une autre, mariée : 1° à Daniel de Lespine, escuier, seigneur de Saint-Georges; 2° à Jean Violaine, eslu maréchal de camp, gouverneur de Dinant. »

Extrait des généalogies de M. Du G., à Abbeville.

« Jean de Le Gorgue, sieur de Retonval, époux de demoiselle Françoise Mourette, père de noble homme Jean de Le Gorgue, seigneur de Rosny, Retonval, qui fit avec sa femme un testament mutuel le 25 juillet 1650, mort le 19 juin 1658, paroisse Sainte-Catherine, et fut inhumé le 21, paroisse Saint-Gilles. L'inventaire, après son décès, est du 25 juin 1658, devant Me Louis Dacheux; marié, par contract du 22 mai 1620, devant Me François Descaules, à demoiselle Marguerite de La Garde, fille de François, sieur de Faveilles, et de demoiselle Jacqueline de Chérie, alors remariée à Gaspard Le Vasseur; elle a testé le 21 juillet 1650, morte le 27 avril 1652, et inhumée à Saint-Gilles. Père de : 1° noble homme Jean, sieur de Rosny, qui suit; 2° noble homme François, sieur de Retonval, né paroisse Saint-Gilles le 30 décembre 1628, eut pour parrain et marraine Simon Le Blond, sieur d'Acquest, et demoiselle Françoise Belle ; il mourut et fut inhumé à Saint-Gilles le 24 septembre 1658; 3° noble homme Jacques, seigneur de Retonval, marié en 1657 à demoiselle Margueritte de Lattre; ils ont formé une branche qu'on trouvera en son rang ; 4° noble homme Philippe, écuyer, sieur de Saint-Éloy, né vers 1638, marié en 1662 à demoiselle Margueritte de Lengaigne, d'où un rameau qu'on trouvera en son rang; 5° demoiselle Françoise de Le

Gorgue, née le 1er juin 1621, elle mourut le 7 novembre 1652 ; l'inventaire, après son décès, est du 4 mai 1661, devant Jean Le Conte, notaire à Abbeville, mariée par contract du 27 juin 1642, devant Me Richard Le Vasseur, notaire à Abbeville, à noble homme François de Ray, sieur du Tilleul, fils de noble homme Antoine, sieur d'Auchy, et de demoiselle Antoinette Hermant ; 6° demoiselle Hippolyte de Le Gorgue, née le 30 juillet 1663, eut pour parrain et marraine M. de Suleaux, avocat du roi, et demoiselle Hippolyte Rohaut ; mariée par contract le 17 août 1649, devant Me Louis Dacheux, notaire à Abbeville, à Daniel de Lespine, écuyer, sieur de Saint-Georges, et 2° par contract du 14 avril 1660, devant Me Antoine Le Febvre, notaire à Abbeville, célébration du 25, paroisse Saint-Gilles, à Daniel de Violaine, écuyer, sieur de La Cour de Bauté ; 7° demoiselle Margueritte de Le Gorgue, née le 9 février 1643, mariée par contract de novembre 1669, devant Me Louis Dacheux, célébration du 30, paroisse Notre-Dame du Châtel, à noble homme François Vildor, conseiller du roi au grenier à sel du Tréport, demeurant paroisse Notre-Dame de la Ville-d'Eu. »

Extraits de mémoires de famille.

« M. François de Ray, sieur d'Auchy, allié à demoiselle Françoise d'Élegorgue, vint de Montreuil s'établir à Abbeville ; il était fils de M. Antoine de Ray, lieutenant particulier en l'élection de Doullens, et de demoiselle Antoinette Hermant.

« Demoiselle Hippolyte d'Élegorgue, étant veuve de Daniel de Lespine, escuier, sieur de Saint-Georges, se remaria avec messire Daniel de Violaine, qui fut chevalier de Saint-Louis, brigadier des armées du roi, et gouverneur de Philippeville, en Hainaut.

«Margueritte d'Elegorgue, troisième et dernière fille de Jean et de Margueritte de La Garde, se maria à M. François Vildor, sieur d'Estogny, Auxeul, Saint-Sablier, demeurant au Tréport, en Normandie, et fut mère de M. François Vildor, escuier, sieur de Rufey, lequel était gendarme de la garde du roy en 1702.

« Lesdits sieur et dame de Retonval (Jean d'Élegorgue et Margueritte de La Garde) choisissent, dans leur testament de 1650, leur sépulture où étoit celle des père et mère dudict sieur d'Élegorgue de Retonval, c'est-à-dire en l'église Saint-Gilles, dans la chapelle de Saint-Nicolas. »

28 mars 1650. Donation devant Me Louis Dacheux, notaire à Abbeville, par M. Jean de Le Gorgue à ses enfants, de plusieurs fiefs à Bouillencourt. (Inventaire de 1658.)

Extrait des archives de l'Hôtel-de-Ville d'Abbeville.

Déclaration de fiefs pour le ban et arrière-ban.

En 1645, M. de Le Gorgue pour ses fiefs.

En 1655, M. Jean de Le Gorgue déclare qu'il possède un noble fief, à Bouillencourt en Séry, tenu de la seigneurie de Lambercourt, consistant en 110 s. de censives. Signé J. de Le Gorgue.

Extraits « du contract de mariage passé le 9 octobre mil six cent cinquante-trois, entre noble homme Jean de Le Gorgue, fils de noble homme Jean de Le Gorgue, et de demoiselle Margueritte de La Garde, sa défunte mère, avec demoiselle Marie Lallemant, passé devant Me Antoine de Boulongne, notaire en la sénéchaussée de Ponthieu... Appert que... collationné par les notaires royaux, audict Abbeville, sur une expédition en papier commun, en forme. Signé Antoine de Boulongne, représenté et à l'instant rendu cejourd'huy, quatorze octobre mil sept cent quatre-vingt-six. Signé Champion, Devismes. Controllé à Abbeville, le 16 octobre 1786. Reçu unze sols trois deniers. Signé de Beaulieu. »

Extrait des registres de la paroisse Saint-Gilles d'Abbeville.

« Le 1er juin 1621, a été baptisée une fille à Mre Jean de Le Gorgue, nommée Françoise par sa mère grand, Françoise Mourette, et son parrain Claude Le Blond, bailly d'Abbeville.

« Le pénultième jour de décembre 1628, a été baptisé un fils à Mre Jean de Le Gorgue, nommé François; parrain, Mre Simon Le Blond, conseiller du roi, sieur d'Acquest; marraine, Françoise Belle.»

Extrait du testament de Jean de Le Gorgue et de Marguerite de La Garde, sa femme, déposé le 24 août 1650, chez maître Dacheux, notaire à Abbeville.

« In nomine Domini. Nous, Jean de Le Gorgue et Margueritte de La Garde, conjoincts dans l'estat de mariage, estans, par la grâce de Dieu, sains d'entendement... voulons nos corps, nos âmes estans séparées, estre inhumés dans l'église Saint-Gilles en la chapelle Saint-Nicolas... Nous donnons à la confrérie du Saint-Sacrement, à celles de la Miséricorde et de Notre-Dame de Consolations, aux Cordeliers, aux Capucins, aux pauvres femmes vefves... plus la somme de six vingt livres pour les annuels de chacun de nous.

« Donnons à Jean, nostre fils aîné, le fief sis à Bouillencourt en Séry, venant de mon frère, François de Le Gorgue...

« Donnons à Jacques, nostre second fils, deux nobles fiefs indivis, appelés Restonval, scis à Bouillencourt eu Séry, tenu de la seigneurie de Lambercourt...

« Donnons à Philippe, nostre troisième fils, un fief noble, appelé Saint-Esloy, situé audit Bouillencourt en Séry...

« Dons faits à Françoise, Hippolyte et Margueritte de Le Gorgue, leurs trois filles... »

Extrait des minutes de maître Louis Dacheux, notaire à Abbeville, existant en l'étude de maître Boudot, rue Saint-Gilles.

« Inventaire des biens, meubles, titres et papiers, et autres effets mobiliers de la succession de défunt noble homme Jean de Le Gorgue,

l'aisné, à la requeste de noble homme Jean de Le Gorgue le jeune,
fils aisné dudict deffunt, Jacques de Le Gorgue, sieur de Retonval, Philippe de Le Gorgue, sieur de Saint-Esloy, demoiselle Hippolyte de Le
Gorgue, femme de Daniel de Lespine, escuier, sieur de Saint-Georges,
demoiselle Catherine de Le Gorgue, fille âgée, usante de ses droits sous
l'autorité dudit sieur de Le Gorgue, son frère aisné, son curateur, noble
homme François de Ray, licencié ès-lois, stipulant pour ses enfants, et
de défunte demoiselle Françoise de Le Gorgue, fille aînée dudit défunt,
auquel inventaire a été procédé en présence de noble homme François
Mourette, licencié ès-lois, cousin et exécuteur testamentaire, fait en la
ville d'Abbeville, le mardi 25 juin 1658, par-devant notaires, en Ponthieu.
Dans la salle où est décédé ledit défunt, se sont trouvés une esguière à
pied doré, culliers, écuelles, sallières, gobelets, le tout en argent.

« Dans la chambre où il couchoit, un court manteau de drap de Hol-
lande, plusieurs gondolles d'argent, une pertuisanne et une espée, plusieurs tableaux, une couronne de satin incarnadin garnie de cantilles
d'or et de perles, chapelets, reliquaires et chaînes d'argent, 5 bagues
d'or garnies de rubys, perles, pierres bleues, rouges et blanches.....

« Dans une autre chambre, un vieil pourpoint de satin à usage du défunt et 3 autres pourpoints..... titres et papiers.....

« Le 13 juillet 1660 est comparu Philippe de Le Gorgne, sieur de Saint-
Esloy, lieutenant au régiment de La Motte, lequel a mis un contract en-
tre les mains de François de Ray qui en a déchargé ledit sieur de Saint-
Esloy. »

Long inventaire, commencé le 25 juin et fini le 11 juillet 1658.

*Extrait du contract de mariage de François de Ray avec demoiselle
Françoise de Le Gorgue, passé devant Richard Levasseur, notaire
à Abbeville, le 27 juin 1642.*

« Sont comparus en leurs personnes MM. François de Ray, sieur
d'Auchy, fils aîné et héritier de défunt noble homme M. Antoine de
Ray, vivant sieur dudit lieu, conseiller du roi et son lieutenant particulier en l'élection de Doullens, établie à Montreuil, et Octavien Hermaut,
escuier, sieur de Warel, conseiller du roi en la sénéchaussée de Ponthieu et siége présidial d'Abbeville, ancien mayeur d'icelle, au nom et
comme procureur de demoiselle Antoinette Hermaut sa sœur, veuve dudit défunt Antoine de Ray... assisté de Jean Lesperou, escuier, sieur de
Belloy, premier président en l'élection de Ponthieu, mari et bail de
demoiselle Claude Hermaut, cousine dudit sieur d'Auchy.......... d'une
part.

« Noble homme M. Jean de Le Gorgue, sieur de Retonval, et dame Margueritte de La Garde, sa femme, et demoiselle Françoise de Le Gorgue, leur fille à marier, accompagnée de dame Jacqueline de Cherie,
veuve de défunt noble homme M. François de La Garde, escuier, sieur
de Faveilles, mère grande de ladite Françoise ; de M. François de La
Garde, escuier, sieur de Cumont, conseiller au présidial d'Abbeville,

mayeur d'icelle ville, cousin, d'Antoine Danzel, escuier, sieur de Saudrinourt, mari de dame Margueritte de La Garde ; de Claude Le Blond, escuier, sieur d'Acquest et de Brimeu, président au bailliage prévôtal d'Abbeville ; de noble homme Charles Rohaut, sieur de Brimeu-lès-Foucaucourt, mari de dame Nicole de La Garde ; et de dame Marie Vaillant, veuve de noble homme Charles de La Garde, sieur des Aireaux, cousins, d'autre part. »

(Dans la généalogie d'Ampleman, au Dictionnaire de La Chesnaye des Bois, Antoinette de Ray, sœur de François ci-dessus, est dite fille d'Antoine de Ray, écuyer, sieur d'Auchy, mariée en 1666 à Pierre Ampleman, chevalier, sieur de La Cressonnière.)

Extrait du contract de mariage de Daniel de Lespine, escuier, seigneur de Saint-Georges, avec demoiselle Hippolyte de Le Gorgue, passé devant Boujonnier et Dacheux, notaires à Abbeville, le 10 août 1649.

« Comparant en personne à Abbeville, Daniel de Lespine, escuier, sieur de Saint-Georges, chevau-léger de la garde du roi, demeurant en cette ville, paroisse Sainte-Catherine, fils de défunt Antoine dé Lespine, vivant escuier, sieur dudit lieu, et de dame Rachel Massue, accompagné de Jean de Claveret, escuier, sieur de La Blessière et autres lieux, demeurans en icelle ville, cousin à cause de sa femme ; Jacques Bernard, escuier, sieur de Lesquipée ; noble homme François Manessier, lieutenant des eaux et forêts de Picardie, ses bons amis, d'une part :

« Noble homme Jean de Le Gorgue, dame Margueritte de La Garde, sa femme, et demoiselle Hippolyte de Le Gorgue, leur fille à marier, demeurant en cette ville, paroisse Sainte-Catherine, assistée de Jean de Le Gorgue, son frère ; Jean de Gomare, prêtre chanoine en icelle ; noble homme Claude Le Blond, sieur d'Acquest et de Brimeu, président du bailliage d'Abbeville ; François de La Garde, sieur de Cumont, conseiller au siége présidial de Ponthieu, mayeur de cette ville ; Antoine Danzel, escuier, sieur de Bléricourt, demeurant au village d'Aigneville ; noble homme Simon Leblond, sieur d'Acquest, conseiller au siége présidial de Ponthieu ; Pierre Sanson, tous cousins de ladite demoiselle, d'autre part.... Signé de Le Gorgue, Margueritte de La Garde, de Lespine Saint-Georges, Hippolyte de Le Gorgue, Boujonnier et d'Acheux, notaires avec paraphes. »

VII. — JEAN DE LA GORGUE

SEIGNEUR DE RÔNY,
ÉPOUX DE DEMOISELLE MARIE LALLEMANT,
DAME DE FIEF A FRESNEVILLE,
ET LEURS ENFANTS.

Extrait des généalogies de M. Du G., à Abbeville.

Noble homme Jean de Le Gorgue, sieur de Retonval, époux de Marguerite de La Garde, eut pour fils aîné noble homme Jean de Le Gorgue, sieur de Rosny, né paroisse Saint-Sépulchre, le 30 décembre 1625, fit avec sa femme un testament mutuel le 18 janvier 1673, devant Louis Dacheux, notaire. Il est mort paroisse Sainte-Catherine, le 17 novembre 1680 ; marié par contrat du 9 septembre 1653 devant M⁰ Antoine de Boulongne, notaire à Abbeville, à demoiselle Marie Lallemant, née en 1640, fille de Jean, lieutenant particulier à Saint-Valery, et de Françoise de Postel ; elle est morte le 22 août 1706 et fut inhumée à Sainte-Catherine. De ce mariage : 1° Jean-Baptiste, né le 28 juillet 1654, inhumé à Saint-Gilles le 14 mai 1670; 2° François, né le 31 décembre 1657 ; 3° Jacques, né le 15 janvier 1663 ; 4° François-Louis, né le 14 octobre 1664, vivant en 1673; 5° René-Nicolas, né le 16 février 1668 ; 6° noble homme Jacques-François, sieur de Rosny, qui suit; 7° Jean, né le 9 janvier 1671, vivant en 1673 ; 8° Nicolas, sieur de Saint-Éloy, né le 31 mars 1672, vivant en 1702, capitaine au régiment de Tournon; 9° Marie, née en 1656, morte en 1692, mariée le 30 décembre 1685 devant Louis Dacheux, notaire à noble homme Pierre Griffon, sieur de Lannoy, fils, né en 1650, de noble homme Pierre, sieur de Longuerue, et de dame Margueritte Doresmieux; 10° Marguerite, née en 1659, morte en 1679 ; 11° Madelaine, née en 1661, mariée en avril 1696 devant Louis Dacheux à noble homme Antoine Des Marets, conseiller du roi, prévôt du Vimeu, fils de feu Charles et de dame Françoise Lambert; 12° Marie-Thérèse, née en 1666, mariée en 1710 à M. Jacques Retard, bailly de Gamache, fils de Louis et de dame Marie Gallet; 13° Thérèse, née en 1668, morte à 8 ans; 14° Catherine, née en 1675, mariée le 26 mars 1709 devant M⁰ de Remilly, notaire à Charles Le Vasseur, écuier, sieur de Cauvigny, aide major de la ville de Blaye, fils de François et de dame Marie Danzel de Beaulieu ; 15° Marie-Margueritte, née posthume en 1681, morte âgée de un mois. On trouve encore Françoise, Suzanne-Françoise, Antoinette et Marie-Thérèse.

Extrait de mémoires de famille.

Demoiselle Marie Lallemant, fille de Jean Lallemant, lieutenant de Saint-Valery et de demoiselle Françoise de Postel, fille de Noël de Postel, escuier, sieur du Mesnil, et de demoiselle Françoise Baucquet, fut mère entre autres enfants de Jean d'Elegorgue, qui n'avoit encore pris aucun parti en 1702, lors du mariage de M. de Rony son frère, et qui mourut vers le commencement de 1705 sans avoir été marié; de Nicolas d'Élegorgue, qualifié sieur Saint-Éloy, quoique ses père et mère n'eussent rien dans ce fief, qui en 1702 étoit capitaine du régiment de Boulonnois et périt en 1704, à ce qu'il paroît, dans la guerre contre les protestans dans les Cévennes ; de Catherine, dont le contract de mariage avec messire Charles Le Vasseur, chevalier, sieur de Couvigny, natif d'Hocquelus en Vimeu, aide-major de la ville de Blaye, est du 26 mars 1709, devant Jacques de Romilly, notaire à Abbeville, et qui n'a pas laissé d'enfans.

Extrait des titres du fief de Rôny.

Le 7 janvier 1659, relief du fief de Rôny à Bouillencourt en Séry, à M. le marquis de Gamaches, seigneur dudit Bouillencourt, par Jean de Le Gorgue, comme fils et donataire du défunt noble homme Jean de Le Gorgue son père.

Le 17 juillet 1668, aveu du même fief par le même,

Extrait du contract de mariage de Jean de Le Gorgue avec demoiselle Marie Lallemant, passé devant Antoine de Boullongne, notaire à Abbeville, le 9 octobre 1633.

Sont comparus en leurs personnes à Abbeville noble homme Jean de Le Gorgue, demeurant en cette ville, paroisse Sainte-Catherine, et noble homme Jean de Le Gorgue, son fils aîné, à marier, de défuncte demoiselle Marguerite de La Garde, accompagnée de aussi noble homme François de Hay d'Auchy, vef de Françoise de Le Gorgue, qui fut sœur dudit sieur de Le Gorgue ; de demoiselle Hippolyte de Le Gorgue, femme de Daniel de Lespine, escuier, sieur de Saint-Georges, aussi sœur ; de François de La Garde, escuier, sieur de Cumont et de Fontaine sur Maye, conseiller au siège d'Abbeville et ancien mayeur de ceste ville ; de Claude Tillette, escuier, sieur d'Offinicourt, aussi conseiller et lieutenant particulier audit siége ; de noble homme François Mourette, cousins d'une part ;

Et de demoiselle Marie Lallemant, fille de défunt Jean Lallemant, vivant lieutenant du bailliage de la châtellenie de Saint-Valery.

26 novembre 1661. A la requête de Nicolas Hermant, Me Maréchal soit signifié à noble homme Jean de Le Gorgue, qu'il offre de lui payer la somme de dix-sept livres deux sols pour arrérages de censives qu'il lui

doit à cause des immeubles à lui appartenant dont ledit sieur de Le
Gorgue est seigneur....

Fait comme dessus par moy sergent royal soubsigné ledit jour et an
ci-dessus.

Signé : MACQUERON.

24 juin 1660. Je soubsignée demoiselle Anthoinette Groul, fille de
monsieur de Coulombeauville, ai cognu et cognois tenir de M. Jean de
Le Gorgue par 32 sols de censsives chacun an..... une maison, ténement
et jardin scis rue de La Babole... laquelle somme je promets payer an-
nuellement, héritablement et à tous jours, audit seigneur de Le Gorgue,
ses hoirs ou ayant cause.

Signé : ANTHOINETTE GROUL.

*Extraits du testament de Jean de Le Gorgue et de dame Marie Lalle-
mant, sa femme, déposé chez Dacheux, notaire à Abbeville, du
18 janvier 1673.*

In nomine Domini. Furent présens en personne à Abbeville Jean de
Le Gorgue et dame Marie Lallemant sa femme, demeurant en cette ville,
paroisse Sainte-Catherine, lesquels..... élisans la sépulture de leur corps
dans ladite église Sainte-Catherine à l'endroit qui sera avisé par le survi-
vant d'eux... donnent à la confrairie du Saint-Sacrement érigée en l'É-
glise Saint-Gilles, à celles de la Charité, de la Miséricorde, de Notre-
Dame de Consolation et à chaque communauté de religieux et de
religieuses, soixante sols à la charge d'une haulte messe; donnent chacun
8 septiers de bled pour les pauvres et les pauvres femmes vefves.....
comme aussi qu'il leur soit fait service, enterrement solennel, comme à
leur estat et qualité appartient.....

Ils laissent leurs biens détaillés à leurs enfants ci-dessus indiqués.

Extrait des registres de la paroisse Sainte-Catherine d'Abbeville.

Le 21 avril 1661 a été baptisée Madelaine, fille de Mre Jean de Le
Gorgue et de demoiselle Marie Lallemant. Parrain, Philippe de Le Gorgue, sieur de Saint-Esloy ; marraine, demoiselle Madelaine Le Vasseur.

Le 15 janvier 1663 a été baptisé Jacques, fils de M. Jean de Le Gorgue et de demoiselle Marie Lallemant. Parrain, Jacques de Le Gorgue,
sieur de Retonval ; marraine, demoiselle Jacqueline Tillette.

Le 14 octobre 1664 a été baptisé François-Louis, fils de M. Jean de Le
Gorgue et de demoiselle Marie Lallemant. Parrain, François de La Garde,
sieur de Cumont; marraine, demoiselle Françoise Le Boucher.

BAPTÊMES D'AUTRES ENFANTS DES MÊMES.

Le 3 octobre 1666, Marie-Thérèse. Parrain, Claude Le Blond, sieur de
Favières ; marraine, demoiselle Marie Manessier.

Le 17 novembre 1669, Jacques-François. Parrain, François Vildor, conseiller du roi au Tréport ; marraine, demoiselle Margueritte de Le Gorgue.

Le 16 février 1668, René-Nicolas, né le 11 dudit mois. Parrain, M. René Nicquet, curé de Saint-Martin à Saint-Valery ; marraine, demoiselle Isabeau de La Garde, veuve de Jacques Braise , sieur de Sorrus.

Le dernier mars 1672, Nicolas. Parrain, Nicolas Lherminier ; marraine, demoiselle Marie-Françoise Rhumetz (ou Rumet).

Le 19 avril 1674, Suzanne-Françoise. Parrain, M. Olivier Le Mercier marraine, demoiselle Suzanne de Mouchy.

Le 3 juin 1676, Antoinette. Parrain, Antoine Crignon, écolier de la cinquième ; marraine, Antoinette Cacheleu.

Le 30 juin 1677, Marie-Thérèse. Parrain, Octave Lesperou, escuier, vicomte de Menchecourt ; marraine, demoiselle Catherine-Thérèse de La Garde-Cumont.

Le 23 février 1681, Marie-Margueritte, posthume. Parrain, François-Louis de Le Gorgue, rhétoricien au collége de cette ville ; marraine, demoiselle Marie de Le Gorgue ; elle est décédée le 2 mars suivant, inhumée en cette église, et ont signé : de Le Gorgue de Retonval, François-Louis de Le Gorgue, Bourgeois, prêtre.

Le 3 janvier 1669 est décédé Jacques, en bas âge, fils de Mre Jean de Le Gorgue, fut enterré le lendemain ; ont assisté et signé à son enterrement : J. de Le Gorgue Théry, de Le Gorgue de Retonval.

Le 13 mai 1670 est décédé Jacques de Le Gorgue, âgé de 16 ans, fils de Mre Jean de Le Gorgue, enterré dans l'église Saint-Gilles d'Abbeville. Ont assisté : son père, parens et amis ; signé : J. de Le Gorgue, Oct. de Ray.

Le 18 septembre 1674, fut enterré en nostre église François de Le Gorgue, fils de noble homme Jean de Le Gorgue, et ont assisté à son enterrement ledit Jean, son père, et noble homme Jacques de Le Gorgue, sieur de Retonval, oncle. Signé : J. de Le Gorgue, de Le Gorgue de Retonval.

Le 17 novembre 1680 est décédé noble homme Jean de Le Gorgue, qui a laissé huit enfans, savoir : François-Louis, Jacques, Jean et Nicolas; Marie, Madeleine, Catherine et Marie-Thérèse, et dame Marie Lallemant, sa femme, enceinte; et inhumé en l'église Sainte-Catherine, et ont assisté à son enterrement et service, ledit François-Louis, son fils, Jacques de Le Gorgue, son frère, et Philippe de Le Gorgue, escuier et seigneur de Saint-Esley, capitaine au régiment de Bourgogne, qui ont signé avec moi. Signé : François-Louis de Le Gorgue, de Le Gorgue de Retonval, Bourgeois, prêtre.

Le 22 août 1706, dame Marie Lallemant, veuve de monsieur Jean de Le Gorgue, est décédée en sa maison, rue des Grandes Écoles. Son corps a été inhumé le 24 en suivant, dans cette église, en présence de M. Jacques-François de Le Gorgue de Rôny son fils, lieutenant-général à Boulogne, et M. Antoine des Marets, son gendre, prévôt d'Oisemont.

Extrait du contract de mariage de Marie de La Gorgue avec Pierre Griffon, sieur d'Escamois, du 30 décembre 1685.

Par devant notaires royaux en Ponthieu, résidans à Abbeville, soussignés; comparons en personne demoiselle Marguerite Doresmieux, veuve de Pierre Griffon, sieur de Longuerue, et Pierre Griffon, sieur d'Escamois, son fils puîné, demeurant en cette ville, accompagnée de François Griffon, escuier, sieur dudit Longuerue, officier de la grande fauconnerie de Sa Majesté, demeurant au bourg d'Aumale, son frère aîné, de messire Antoine Danzel, chevalier des ordres militaires du roi, de Notre-Dame du Mont-Carmel et de Saint-Lazare de Jérusalem, neveu dudit sieur d'Escamois, à cause de dame Marie d'Huitmille son épouse; de noble homme Joseph Varlet, conseiller au bailliage d'Abbeville, d'une part ;

Dame Marie Lallemant, veuve de noble homme Jean de Le Gorgue, demeurant paroisse Sainte-Catherine, et demoiselle Marie de Le Gorgue sa fille aînée, assistée de Jacques son frère aîné, de François Vildor, seigneur d'Estoquigny, Auxeul, Saint-Sablier, conseiller du roi son oncle, de discrette personne Octavien de Ray, prêtre, cousin, de noble homme Adrien Wiguier, sieur de Franssu, conseiller au bailliage d'Abbeville, cousin à cause de dame Marie Mourette, sa femme..... Signé, Dacheux, notaire.

Pierre Griffon, sieur Descamois, est qualifié escuier, officier de la vénerie du roi pour la chasse du sanglier, dans un état de la France en 1694.

Extrait du contract de mariage de demoiselle Catherine de Le Gorgue avec messire Charles Levasseur, chevalier, sieur de Couvigny, du 26 mars 1709, devant de Remilly, notaire à Abbeville.

Par devant notaires royaux en Ponthieu, résidans à Abbeville, comparant en personne messire Charles Le Vasseur, chevalier, seigneur de Couvigny, aide-major pour le roi de la ville de Blaye, fils de défunt messire François Le Vasseur, chevalier, seigneur de Nœuilly, et de dame Marie Danzel, natif du village d'Hocquelus, assisté de messire Antoine Danzel, chevalier, seigneur de Beaulieu, chevalier des ordres militaires du roi, son cousin, et de Jean-Baptiste Danzel, escuyer, seigneur de Nœuilly son nepveu, d'autre part ;

Demoiselle Catherine de Le Gorgue, fille majeure de défunt noble homme Jean de Le Gorgue, et de dame Marie Lallemant, ses père et mère, assistés de M. Antoine Desmarets, conseiller du roi, ancien prévôt de Vimeu, et de Magdeleine de Le Gorgue sa femme, sœur aînée, de dame Thérèse de Le Gorgue, sa sœur ; de dame Marie de Le Gorgue, épouse de Charles de Belleval, escuier, seigneur de La Neuville, d'autre part. Signé : Remilly.

VIII. — MESSIRE JACQUES-FRANÇOIS DE LA GORGUE
DE RONY

LIEUTENANT DU SÉNÉCHAL DU BOULONNAIS
ET PRÉSIDENT DE LA SÉNÉCHAUSSÉE DU BOULONNAIS,
ÉPOUX DE DAME NICOLE-ANTOINETTE LE ROY DAMOISELLE DE SURQUES,
ET LEURS ENFANTS.

Extrait des généalogies de M. Du G., à Abbeville.

« Noble homme Jacques-François de Le Gorgue, seigneur de Rosny,
sixième fils de Jean et de Marie Lallemant, né à Abbeville, paroisse
Sainte-Catherine, le 17 novembre 1669; fut d'abord conseiller du roi en la
sénéchaussée de Ponthieu et siége présidial d'Abbeville, puis lieutenant
général en la sénéchaussée du Boulonnois, mais il vendit cet office le
25 janvier 1712 et mourut à Abbeville, paroisse Sainte-Catherine, le 12
octobre 1712, marié par contract du 25 septembre 1702 devant Charles
Gillon et Gaspard Gainart, notaires à Boulogne, à demoiselle Nicole-Antoinette Le Roy, demoiselle de Surques, née en 1678, fille de noble homme
Michel, seigneur de la Marancherie, baron du Val en Surques, lieutenant
général en la sénéchaussée du Boulonnois, et de demoiselle Antoinette
Le Roy, de de Lozembrune et d'Henneveux, d'où : 1° noble homme Antoine-François-André qui suit; 2° Marie-Thérèse, née le 11 juillet 1703,
morte le 25 juillet 1781, mariée par contract du 8 octobre 1768 devant
Claude Pincedé et Dublaisel, notaires à Boulogne, à Antoine-Michel-Joseph Le Roy, chevalier, baron du Val de Surques, veuf de demoiselle
Madeleine-Louise-Antoinette de Maussel d'Houdant, et fils né en 1724 de
Antoine Le Roy, chevalier, baron du Val, et de dame Anne de Mausel
de Longvillers, mort le 15 décembre 1769 sans enfans; 3° Marie-Anne,
née paroisse Saint-Joseph de la ville de Boulogne, morte sans alliance
vers la fin de 1749; 4° Margueritte-Madeleine, née le 8 janvier 1708,
morte à Ardres le 9 novembre 1713. »

Extrait de mémoires de familles.

« La deuxième fille de M. de Rôny et de demoiselle Le Roy de Surques
fut Marie-Anne de Le Gorgue, demoiselle d'Ornicourt, décédée à Boulogne vers la fin de 1746 ou au commencement de 1747. — Ma tante
d'Ornicourt a été majeure le 13 janvier 1734, étant née le 13 janvier
1709. »

Extrait d'un registre de madame la présidente Le Roy de Lozembrune.

« Ma fille Antoinette-Nicolle a épousé M. Jacques-François de Le Gorgue de Rôny, conseiller à Abbeville, le 28 septembre 1702.
« Ce mariage n'a duré que 10 ans; ledit sieur de Rôny étant mort

le 12 octobre 1712 à Abbeville, après être revenu de Paris et avoir été
persécuté de ses ennemis.

« Il a été inhumé dans l'église de Sainte-Catherine avec ses pères, avec
l'honneur dû à son mérite et les regrets de son épouse, qu'elle n'a pu
longtemps supporter, ne l'ayant survécu que d'un an.

« Madite fille est morte le 1er octobre 1713, âgée de 35 ans, après avoir
reçu les sacremens ; ... elle a laissé 4 enfans orphelins, savoir : 1º Marie-
Thérèse, née le 11 juillet 1703, nommée par madame de Le Gorgue, sa
grand'mère, et par M. Le Roy, baron du Val, son oncle ; 2º André-Fran-
çois, né le 10 juillet 1705, nommé par M. André-Claude Le Roy de Lozembrune et par madame Le Roy sa grand'mère ; 3º Margueritte-Madeleine, née le 6 janvier 1707, nommée par M. de Tardinghen et par madame Le Roy sa grand'mère, morte âgée de 6 ans au mois de novembre
1713 chez madame de Framery, sa grande tante, à Ardres ; elle avait survécu ses père et mère.

« 4º Marie-Anne, née le 2 février 1709, nommée par M. Le Roy son
oncle et par madame de Bazinghen. »

*Extrait du contract de mariage de M. de Rôny avec demoiselle Le
Roy de Surques, passé devant du Sommerard et Gillon, notaires à
Boulogne, le 25 septembre 1702.*

« Par-devant les notaires royaux à Boulogne-sur-Mer soussignés, furent présens dame Marie Lallemant, veuve de noble homme Jean de Le
Gorgue, du consentement et en présence de monsieur Jacques-François
de Le Gorgue, seigneur de Rôny, conseiller magistrat en la sénéchaussée de Ponthieu, son fils aîné, d'une part ;

Et dame Antoinette Le Roy de Lozembrune, veuve de monsieur Michel
Le Roy, seigneur baron du Val Surques et autres lieux, président lieutenant général en la sénéchaussée du Boulonnois, stipulant pour demoiselle Nicole-Antoinette Le Roy de La Marancherie, demoiselle de
Surques, sa fille, à ce présente et de son consentement, d'autre part ;

« Lesquels ont reconnu avoir fait le traité de mariage d'entre ledit
seigneur de Rôny et ladite demoiselle Le Roy de Surques, en présence
des parens et amis ci-après nommés, savoir : de la part dudit sieur
de Rôny, Jean de Le Gorgue son frère, monsieur Nicolas de Le Gorgue,
sieur de Saint-Éloy, capitaine au régiment du Boulonnois, son frère ;
monsieur Antoine des Maretz, prévôt royal d'Oisemont, beau-frère à cause
de dame Madeleine de Le Gorgue son épouse ; demoiselle Catherine et
Thérèse de Le Gorgue, ses sœurs ; messire Daniel de Violaine, chevalier
de Saint-Louis, brigadier des armées du roi, gouverneur de Philippeville,
oncle à cause de défunte dame Hippolyte de Le Gorgue, son épouse ;
Jacques de Le Gorgue, seigneur de Retonval, lieutenant au régiment de
Lannoy, et M. Octavien de Ray, prêtre, cousins germains ; messire
Charles de Belleval, chevalier, seigneur de La Neuville, cousin germain à
cause de dame Marie de Le Gorgue de Saint-Éloy son épouse ; messire
Charles de Violaine, chevalier, seigneur de Brèves, cousin germain à cause

de dame Margueritte de Lespine, son épouse; François Vildor, escuier,
seigneur de Rufey, gendarme de la garde du roi, cousin germain; Louis
Danzel, escuier, seigneur de Vildan, cousin germain à cause de dame
Louise de La Garde, son épouse; François de La Garde, seigneur de
Cumont, cousin issu de germain; Jacques Tillette, escuier, seigneur de
Belleville, cousin issu de germain à cause de dame Madeleine de La Garde,
son épouse; François Danzel, escuier, seigneur de Linières, et Pierre Danzel, escuier, seigneur de Faucille, cousins issus de germain; monsieur Le
Gaucher, escuier, sous-brigadier des chevau-légers de la garde du roi,
cousin issu de germain à cause de dame Margueritte Danzel, son épouse;
Louis Danzel, escuier, seigneur de Danville, sous-brigadier des gardes du
roi, et Philippe Danzel, escuier, seigneur de Viaquet, cousin issu de
germain; monsieur Tillette, escuier, seigneur d'Offinicourt, cousin issu
de germain; monsieur Le Blond, seigneur d'Acquest, ancien lieutenant
particulier de la sénéchaussée de Ponthieu, cousin issu de germain à
cause de dame Marie Tillette, son épouse; monsieur Vaillant, escuier,
seigneur de Favières, conseiller magistrat en la sénéchaussée de Ponthieu,
cousin issu de germain à cause de dame Angélique Tillette son épouse;
monsieur Bail, seigneur de Wacour et de La Motte, et monsieur Adrien
Wignier, seigneur de Franssu, cousin....

« Et de la part de ladite demoiselle de Surques, dame Isabelle du
Crocq, son ayeule, veuve de Louis Le Roy de La Marancherie, seigneur
baron du Val en Surques; Antoine Leroy, baron du Val, Surques
et autres lieux, lieutenant d'infanterie, et André Le Roy, chanoine
de l'église cathédrale de Boulogne, ses frères; Henry-Firmin, escuier,
seigneur de Sainte-Fraize, capitaine de dragons, et dame Élisabeth Le
Roy, son épouse, tante; monsieur Antoine Le Roy, chanoine et archidiacre de l'église cathédrale de Boulogne; dame Margueritte Le Roy,
veuve d'Hercules-Louis Framery, escuier, seigneur de Fernehen, lieutenant général au bailliage d'Ardres, tante maternelle; Claude-André Le
Roy, seigneur de Lozembrune et de Séburne, cousin germain; André
Vainet, seigneur de La Porte, capitaine d'infanterie, et dame Madeleine
Le Roy, sa future épouse, et demoiselle Marie-Gabrielle Le Roy, demoiselle de Widrethun, cousines germaines; monsieur André Scotté de Vélinghen, chanoine de la cathédrale de Boulogne, et dame Antoinette
Scotté, veuve de Charles d'Helbert, seigneur du ménage de Montcavrel,
grands oncle et tante; monsieur Charles Scotté de Vélinghen, seigneur
des Combles, lieutenant particulier en la sénéchaussée du Boulonnois,
et Louis Macquet, seigneur de Longpré, commandant pour le roy à
Ambleteuse, cousins issus de germain; messire Charles de Cancer, chevalier, seigneur de Pignan, et dame Antoinette Tiercelin, son épouse; Jacques
de Camoisson, escuier, seigneur de Saint-Martin, et dame Barbe du
Blaisel son épouse, cousins issus de germain; dame Antoinette Gauthier,
veuve de messire Daniel du Mouchet, chevalier, seigneur de Vauzelles,
maréchal des camps et armées du roi, commandant au fort de Mon-
thulin; dame Jeanne du Mouchet, veuve de messire Henry du Plessier,
chevalier, seigneur d'Henneveux; dame Antoinette du Mouchet, épouse de
messire de Forceville, chevalier, seigneur dudit lieu, cousines issues de

germaine; monsieur Charles Abot, seigneur de Bourgneuf, lieutenant
de la justice de Calais, et dame Marie Fly, son épouse; Jacques Abot de
la Cocherie, seigneur de Bazinghen, subdélégué de l'intendance du Boulonnois; monsieur Bertrand Mutinot, seigneur de la Carnoye, maître des
eaux et forêts du Boulonnois; dame Catherine de Courteville de Hodicq,
veuve de monsieur Carpentier de Lespagnerie, procureur du roi en la
sénéchaussée du Boulonnois, cousins et cousines.

« De la part dudit sieur de Rôny a été déclaré qu'il lui appartient
une maison à Abbeville, rue du Grand-Ecolle; un fief noble appelé le
fief de Rôny, au terroir de Bouillencourt en Séry..... venant de ses pères.

« De la part de ladite demoiselle de Surques a été déclaré qu'il lui
appartient la charge de lieutenant général de la sénéchaussée du Boulonnois et autres charges, une maison meublée à Boulogne, rue de la Clef,
12 mille livres, etc. »

Extraits des registres du roi de la sénéchaussée du Boulonnois.

« Le 16 décembre 1702, provisions données par le roy à Versailles
des offices de lieutenant général civil enquesteur et examinateur en la
sénéchaussée du Boulonnois pour monsieur Jacques-François de Le
Gorgue de Rôny, à cause des bons et agréables services rendus au roi
par ledit sieur de Rôny en la fonction et office de conseiller du roi
en la sénéchaussée et siége d'Abbeville dans lequel il a été reçu au parlement de Paris le 8 janvier 1694; pour lui donner des marques de sa
satisfaction, l'attacher davantage à son service, en considération de ses
sens, suffisance, loyauté, prudhommie... Il lui donne lesdits offices légués
à Antoinette-Nicole Le Roy, sa femme, par Michel Le Roy, son père, dernier possesseur, par son testament passé à Boulogne le 24 février 1700;
pour par ledit sieur de Rôny jouir des honneurs, autorités, prérogatives,
prééminences, franchises, libertés, rang, séance, gages, priviléges,
exemptions, attributions, pouvoirs, fonctions et autres droits attachés
auxdits offices dont il a prêté serment et juré fidélité au roi. Reçu au parlement le 24 janvier 1703, après enquette faite à Abbeville de ses bonnes
vie et mœurs, religion et fidélité au service du roi.

« Sentence du 5 mars 1703 des présidens trésoriers de France à Amiens
pour faire payer audit seigneur de Rôny les gages desdits offices et charges.

« Lesdites provisions lues en la sénéchaussée du Boulonnois le jeudi
29 mars 1703. »

Il fut pourvu en même temps de la charge de président de ladite sénéchaussée.

Suivant arrêt du parlement du 24 mai 1710, provisions de l'office de
président en la sénéchaussée du Boulonnois en faveur de Claude-André
Le Roy de Lozembrune en place de M. Jacques-François de Le Gorgue
de Rôny.

L'an mil sept cent vingt et le scizième jour de juillet, je Antoine des
Wattines, sergent royal en la sénéchaussée du Boulonnois, en vertu d'une

commission de main assise délivrée de la part d'Antoine Le Roy, seigneur et baron du Val, et dame de Manssel, son épouse, demeurans à
Boulogne, certifie m'être transporté en une maison appartenant à M. Ga-
briel-Bernard Magnion en la haute ville de Boulogne, tenant d'un bout
au sieur Bocquillon, d'autre bout au jardin de la dame de Montbrun, et
par derrière aux héritiers de feu seigneur de Rôny, vivant lieutenant général de ladite sénéchaussée... Signé des Watines, Pintelle.

Jean-Baptiste Le Camus, seigneur du Louet, bailly de Boulogne, Outreau,
Wissant et Londefort... de la part d'Antoine Le Roy, seigneur et baron du
Val, et de dame Anne de Mansel son épouse, mandons de mettre et as-
seoir la main du roi en une maison située haute ville appartenant à
M. Gabriel Bernard Magnion, sieur de Cappes, tenant d'un bout au
sieur Bocquillon, d'autre bout au jardin de la dame de Montbrun, et par
derrière aux héritiers du feu seigneur de Rôny, vivant lieutenant général
en la sénéchaussée, laquelle..... Donné audit Boulogne sur mer sous le
scel dudit bailliage le quinzième juillet mil sept cent vingt. Signé de Ra.

*Extraits des registres des baptêmes, mariages et sépultures de la
paroisse Saint-Joseph de la ville de Boulogne.*

Le dixième juillet 1705 a été baptisé Antoine-François-André, fils en
légitime mariage de messire François de Le Gorgue de Rôny, lieutenant
général de la sénéchaussée du Boulonnois, et de dame Nicole-Antoinette
Le Roy, son épouse. Il est né le même jour et a eu pour parrain messire
Claude-André Le Roy, seigneur de Lozembrune, et pour marraine dame
Antoinette Le Roy, veuve de messire Michel Le Roy, lieutenant général
de ladite sénéchaussée, qui ont signé. Signé A. Le Roy. An. Le Roy,
De Rigson.

Le premier février 1708 a été baptisée Madeleine-Margueritte, fille de
messire Jacques-François de Le Gorgue, seigneur de Rôny, lieutenant
général en la sénéchaussée, et de dame Nicole-Antoinette Le Roy. Elle
est née le 30 janvier, a reçu le baptême des mains de la sage-femme.
Le parrain a été messire Louis du Camp, escuier, seigneur de Tardinghen, maître des eaux et forêts du Boulonnois, et la marraine dame
Antoinette Le Roy. De Rigson.

Le vingt-quatre janvier 1709 a été baptisée Marie-Anne, fille de messire François del Gorgue de Rôny, lientenant général en la sénéchaussée
du Boulonnois, et de dame Nicole-Antoinette Le Roy. Venue au monde la
veille sur les 11 heures du matin. Le parrain a été Michel-André Le
Roy, chanoine, et la marraine madame Anne de Foubert, épouse de
M. Le Roy de Lozembrune. De Rigson.

*Extrait des registres de baptêmes, mariages et sépultures de la
paroisse de Sainte-Catherine d'Abbeville pour l'année 1712.*

Le dix octobre 1712 est décédé en sa maison rue des Grandes Écholes
monsieur Jacques-François de Le Gorgue, seigneur de Rosny, conseiller

du roi, lieutenant général de Boulogne, commissaire examinateur, lequel a été inhumé en cette église le douze ensuivant, en présence de monsieur Jacques de Le Gorgue de Rhetonval, son cousin germain, lieutenant de la maréchaussée à Abbeville, qui a signé.

Extraits d'un compte de recettes et dépenses rendu par le receveur des biens de monsieur et madame de Rôny en Ponthieu, après leur mort, à M. Le Roy, chanoine de Boulogne, tuteur de leurs enfants, en date du 15 avril 1715. Les recettes montent à la somme de 9,846 livres.

Donné à Picart, valet de M. de Rôny, qui étoit venu à Abbeville y séjourner en attendant madame, pour lui et son cheval, 20 l.

Ladite dame séjourna à Abbeville au mois de février 1712, et M. de Rôny étoit à Paris aux mois d'avril et de juin 1712.

Donné à la dame abbesse d'Épagne d'Abbeville pour la pension de la demoiselle de Rôny, leur fille, 135 l. au mois de mai 1712, et à la dame de Saint-Éloy, religieuse audit couvent, leur parente, 6 l.

Le 28 septembre 1712, payé suivant billet de madame de Rôny 20 écus pour aller chercher M. de Rôny à Forge avec une chaise, le sieur Machart, médecin, et la femme de chambre.

Payé diverses sommes pour les habits de deuil de madame et mademoiselle de Rôny, et pour habiller les pauvres lors des funérailles de feu M. de Rôny, et au sieur du Vauchel, prêtre, 100 l. pour les six mois de l'annuel des messes pour M. de Rôny.

Le 12 juin 1713, payé le voyage de Marie-Jeanne, fille de chambre de madame de Rôny, par elle envoyée à Abbeville au sujet de plusieurs pèlerinages à Saint-Ricquier, à la Sainte-Larme, à Saint-Valery, à Rue et autres endroits; et remis tous les titres et papiers appartenant aux mineurs...

Du registre des recettes et dépenses faites par le chanoine André Le Roy de la Marancherie, tuteur des enfants de monsieur et madame de Rosny, il résulte ce qui suit :

« M. de Retonval s'étoit chargé de recevoir les revenus des biens des mineurs en Ponthieu, et avoit emporté de Boulogne diverses pièces et entre autres celles concernant les biens de Fresneville et le fief de Saint-Aubin.

« Les sœurs de la Providence à Boulogne donnoient l'instruction à mademoiselle de Rosny la cadette en 1720, et le sieur de Belhomme étoit son maître de danse ainsi que de sa sœur

« Madame de Rosny, morte le 1er octobre 1713, fut inhumée dans le tombeau de ses pères à la chapelle Saint-Jean de la cathédrale de Boulogne, où il y a des fondations pour sa famille, et l'on fit peindre ses armoiries à son enterrement. »

Extrait du contrat de mariage du 8 *octobre* 1768 *de Antoine-Michel-Joseph Le Roy, baron du Val en Surques, avec demoiselle Marie-Thérèse-Antoinette de Le Gorgue de Rôny, devant Dublaisel, notaire à Boulogne.*

Parens du futur, dame Antoinette Le Roy de Surques, épouse de M. Louis-Marie d'Escault, écuier, chevalier de Saint-Louis, et demoiselle Marie-Thérèse-Jacqueline Le Roy de La Maraucherie, ses sœurs; M. Antoine du Wicquet, écuier, seigneur du Bois du Cocq, ancien garde du corps du roi, chevalier de Saint-Louis, commandant d'Ardres, son cousin maternel; M. César de Mansel, écuier, seigneur d'Houdan, cousin maternel à cause de défunte dame Anne de Mansel, mère dudit futur.

Parens de la future, Antoine-Nicolas de Le Gorgue de Rôny, écuier, président, trésorier de France à Amiens, son neveu, et dame Caroline-Françoise-Louise-Judith de Thosse, son épouse; M. François Abot, sieur de Bazinghen, écuier; M. Jean-Jacques Abot de La Cocherie, ancien capitaine au régiment de la marine, chevalier de Saint-Louis; M. Louis-Claude du Camp de Rosamel, et M. du Val du Fresne, chanoine de la cathédrale de Boulogne, cousins; dame Marie-Jacqueline de Roussel, veuve de M. Claude-André Le Roy de Lozembrune, président de la sénéchaussée du Boulonnois, cousine aux futurs à cause dudit feu seigneur Le Roy de Lozembrune; demoiselle Marie-Madeleine Godeleine de La Pasture, fille majeure, cousine aux futurs.

Extrait des registres aux actes de baptêmes, mariages et sépultures de la paroisse de Wimille.

Le vingt-cinquième juillet mil sept cent quatre-vingt-un, à six heures du soir, a été inhumée dans le cimetière de cette paroisse dame Marie-Thérèse-Antoinette de Le Gorgue de Rôny, veuve de messire Antoine-Michel-Joseph Le Roy, baron du Val en Surques, décédée le vingt-quatre dudit mois, à trois heures après midi, âgée de soixante-dix-huit ans treize jours et munie des sacremens, au château de Billeauville en cette paroisse, en présence de messire Antoine-Nicolas de Le Gorgue, écuyer, seigneur de Rôny, etc., et de messire François Abot de Basinghen, qui ont signé avec nous, prêtre curé de cette paroisse. Signé d'Elegorgue de Rôny, Abot de Bazinghen, Cossart, prêtre, curé de Wimlle, Avisse vicaire.

Le 27 juin 1712, M. de Rôny vend sa charge de lieutenant général en la sénéchaussée du Boulonnois à M. de Framery de Fcrucheu, moyennant trente mille livres.

Du contract de mariage de François-Antoine-André de Le Gorgue de Rôny avec dame Margueritte-Françoise du Val de Soyecour du 29 mai 1731, devant notaires à Abbeville, résulte que demoiselle Marie-Thérèse et Marie-Anne de Le Gorgue de Rôny, ses sœurs, étoient alors sous la charge de Charles-Joseph du Maisniel, sieur de Belleval.

IX. — FRANÇOIS-ANTOINE-ANDRÉ DE LA GORGUE

CHEVALIER, SEIGNEUR DE ROSNY
ÉPOUX DE DAME MARGUERITTE-FRANÇOISE DU VAL DE SOYECOURT.

Registre des recettes et dépenses faites par le chanoine André Le Roy de la Marancherie, d'où résulte que M. de Rosny, après avoir commencé ses études chez les Pères de l'Oratoire de Boulogne et avoir eu divers maîtres particuliers, fut mis ensuite à l'académie royale de Juilly près Paris, d'où il revint en 1725.

Extrait de la carte militaire des officiers supérieurs des troupes boulonnoises, dressée par M. d'Auvringhen, commissaire à la levée desdites troupes.

« Premier régiment de cavalerie. Mestres de camp : Louis-Marie-Victor duc d'Aumont, dont la commission est du 27 avril 1672 ; Louis duc d'Aumont, 10 mai 1904 : le duc d'Humières, 25 avril 1724 ; le duc de Mazarin, 1er février 1748. Le duc d'Aumont.

« Lieutenants colonels : De Fresnoye, 27 avril 1672 ; De Lastre d'Écault, 15 février 1690 ; Contery de Lespaut, 20 mars 1714 ; De Hesmont de Saint-Michel, 20 décembre 1722 ; Flahaut de la Caurie, 1er mai 1748.

« Majors : De Neufville de Brugnobois, 27 avril 1672 ; De Larville, 15 février 1690 ; Du Wicquet des Prés fils, 8 avril 1696 ; Du Quesnoy, 31 février 1702 ; De Hesmont de Saint-Michel, 1er mai 1705 ; De La Gorgue de Rony, 20 mars 1714. »

Extrait du cahier des remontrances de la noblesse du
Boulonnois en 1789.

Les officiers supérieurs des troupes boulonnoises sont d'anciens militaires pris parmi la noblesse de la province, les autres officiers sont pris parmi les gentilshommes de la province qui ont servi dans la jeune noblesse ; les uns et les autres brevetés et commissionnés par le roi comme officiers de troupes réglées, excepté les lieutenants qui le sont par le gouverneur. »

Extrait de l'état militaire de 1789.

« Les troupes boulonnoises, zélées pour le service du roi, forment de leurs habitants au premier ordre six régiments d'infanterie, cinq régiments de cavalerie, une compagnie de carabiniers, deux de dragons avec trois compagnies de cavalerie pour la garde des côtes, qui montent en tout à cinq mille hommes par an sur quinze mille habitants toujours engagés, commandés par la noblesse du pays et formés en regiments sous Louis XIV en 1672. »

25 octobre 1730, arpentage fait à la requête de M. François-Antoine-André de Le Gorgue de Rosny, demeurant à Boulogne, de ses terres à Bouillencourt, et de Pierre du Flos, laboureur occupeur desdites terres, demeurant à Busménart, par Gilles de Cayeux, arpenteur juré, demeurant à Feuquières, d'où résulte que lesdites terres montaient à cent vingt-six journaux trente-deux verges, par-devant de Lignières, notaire à Abbeville. Signé : de Rosny, du Flos, Delignières.

Extrait d'un contrat de constitution de rente par M. de Rosny au profit de François Delobel, du 23 novembre 1750.

Est comparu, en personne, messire François-Antoine-André de Le Gorgue, chevalier, seigneur de Rosny et autres lieux, demeurant en la ville d'Abbeville, rue des Carmes, étant de présent en le lieu de Boullencourt, lequel sieur de Rosny de Le Gorgue, moyennant la somme de mille livres, qui lui a été présentement payée comptant en bonne monnoie... par Charles Monnier, charron, demeurant au village de Richemont, en Normandie, comté d'Eu, au nom et comme tuteur principal de François de Lobel, son neveu... icelui sieur de Le Gorgue de Rosny a vendu, créé, constitué... cinquante livres de rente annuelle et hypothèque constituée... Ce qui fut fait et passé audict lieu de Boullencourt, ce jourdhuy vingt-trois novembre mil sept cent cinquante, par-devant Pierre Godefroy, notaire royal dans la prévôté du Vimeu, résidant audict Boullencourt, en la présence d'Antoine Goudebois, tanneur, et Jacques de Lobel, laboureur, demeurans audit Boullencourt, témoins ; ont lesdites parties comparantes signé avec nous dits notaires et témoins, lecture leur ayant été faite... laquelle minute a été contrôllée à Gamaches, le vingt-huit novembre audit an 1750, par le sieur Bourgeois, qui a reçu six livres douze sols pour première expédition. Signé Godefroy. Scellé le deux décembre 1750.

Les frais et débours ont été payés par ledit sieur de Rosny, dont je lui ai baillé quittance.

J'ai soussigné, Claude du Buisson, bailly d'Ancenne, demeurant à Boullencourt, certifié que ledit Charles Monnier, dénommé ci-dessus, est tuteur de François de Lobel, son neveu et le mien, et que ledit seigneur de Rosny a payé, tant pour frais de saisie et courant de la rente, la somme de quatre-vingt-quinze livres seize deniers, avec celle de mille livres de principal, lesquelles sommes ledit seigneur a déclaré qui provenoient de la vente qu'il a faite de sa maison d'Abbeville. A Boullencourt, ledit jour et an. Signé du Buisson.

(C'est le remboursement de ladite rente de 50 liv. faite par M. de Rosny, fils du constituant, le 16 août 1756).

Autre constitution de rente par le même, en date
du 16 septembre 1755.

A tous ceux qui ces présentes lettres verront les notaires de la ville d'Abbeville, tabellions et gardes du scel royal du comté et sénéchaussée de Ponthieu, pour sceller et confirmer... salut. Savoir faisons que, par-devant Me Pierre-François Watel et son confrère, notaires royaux en ladite ville soussignés, fut présent François-André-Antoine de Le Gorgue, écuier, seigneur de Rony, demeurant en cette ville, rue des Carmes, paroisse Sainct-Sépulchre, lequel, moyennant la somme de deux mille livres, qu'il a réellement reçue comptant en espèces, ayant cours à la vue desdits notaires, de damoiselle Marie Boullon, fille majeure, demeurant en cette ville, rue de l'Hôtel-Dieu, paroisse Saint-Nicolas, par les mains de... ledit sieur de Rony a, par les présentes, vendu, créé et constitué... à ladite damoiselle Boullon, cent livres de rente annuelle et perpétuelle, payable à Abbeville,... et payable sur ses fermiers de Bouillencourt... en témoin de ce a été apposé le scel royal de cette sénéchaussée de Ponthieu, à ces présentes, qui furent faites et passées à Abbeville, en l'étude, l'an mil sept cent cinquante cincq, le seizième jour de septembre, avant midy, et ont les parties signé avec lesdits notaires, lecture faite.

La minute, demeurée audit Watel, l'un des notaires soussignés, après avoir été controllée à Abbeville le 19 dudit mois et an, par Dumoutier, qui a reçu 12 l. 12 s. Signé Dewismes, Watel. Scellé le 19 dudit mois et an.

Extrait des titres de la ferme de Lespinoy à Menneville.

« Le 17 novembre 1761, moi soussignée, demoiselle Marie-Thérèse-Antoinette de Le Gorgue de Rôny, d'une part, et Antoine-Nicolas de Le Gorgue, écuyer, seigneur de Rôny, conseiller du roi, président trésorier de France en la généralité d'Amiens, mon neveu, aussi soussigné, sommes convenus de ce qui suit :

« Reconnoissons d'abord que, par acte de partage des premier et huit décembre mil sept cent quarante-sept, des biens de la succession de demoiselle Marie-Anne de Le Gorgue de Rosny, ma sœur, entre moi, Marie-Thérèse-Antoinette, soussignée, et feu François-André-Antoine de Le Gorgue, écuyer, seigneur de Rosny, mon frère, aujourd'hui représenté par ledit Antoine-Nicolas, son fils, étions tombés d'accord, savoir : que la moitié de la ferme de Beuvrequen, qui appartenoit à M. de Rôny, frère de ladite demoiselle, appartiendroit à elle qui auroit la ferme en entier, et que la partie de la ferme de Lespinoye, qui appartenoit à ladite demoiselle, appartiendroit à son neveu, et autres clauses. »

Extrait des registres de la paroisse Saint-Joseph de Boulogne.

12 novembre 1765, acte de célébration du mariage de messire Antoine-Nicolas de Le Gorgue, écuyer, seigneur de Rôny, Élegorgue, et autres lieux, conseiller du roi, président trésorier de France en la généralité d'Amiens, fils de feu messire André-Antoine de Le Gorgue, écuyer, seigneur de Rôny, et de feue dame Margueritte-Françoise du Val de Soyecourt, de la paroisse de Saint-Gilles d'Abbeville, avec demoiselle Caroline-Françoise-Louise-Judith de Thosse, fille de feu messire Jacques-François de Thosse, chevalier de l'ordre du roi, président de Calais, et de dame Marie-Charlotte-Geneviève de Châteauneuf ; célébré en l'église des révérends pères de l'oratoire de Jésus, de la paroisse Saint-Joseph de Boulogne, par M. Claude Caffiery, chanoine de la cathédrale de Boulogne, en la présence de la mère et du beau-père de l'épouse, de M. Marc-Augustin Ballin, prêtre chapelain de la cathédrale, de M. Antoine-Michel-Joseph Le Roy, baron de Surques, et autres parens et amis. Signé d'Élegorgue de Rôny, Judith de Thosse, de Châteauneuf, Mallet, M. T. Delgorgue de Rôny, Antoine Le Roy, baron de Surques, Mutinot d'Hoslove.

Il résulte des généalogies de M. du G. à Abbeville, de mémoires de famille et d'un recueil manuscrit des morts et enterrements d'Abbeville, qui appartenait à M. l'abbé Dairaines, que M. François-Antoine-André de Le Gorgue de Rosny mourut à Abbeville, âgé de 51 ans, le 18 juillet 1756, en la paroisse Saint-Sépulchre, et fut enterré dans l'église collégiale de Saint-Vulfranc, auprès de sa femme et de M. et Mme de Soyecourt, père et mère de sa femme, dans la chapelle qui fait face à la sacristie, auxquelles obsèques furent mises ses armoiries.

X. — ANTOINE-NICOLAS DE LA GORGUE

CHEVALIER, SEIGNEUR DE RONY,

LA GORGUE, BILLEAUVILLE, LOSEMBRUNE ET BARON DU VAL

EN SURQUES, ET SA POSTÉRITÉ.

Département de la Somme; mairie d'Abbeville. — Extrait du registre aux actes de naissance de la ci-devant paroisse de Saint-Gilles d'Abbeville pour l'année mil sept cent trente-deux.

L'an mil sept cent trente-deux, le vingt-cinq août, naquit en légitime mariage, sur les onze heures de la nuit, et, le lendemain, fut baptisé un garçon, nommé Antoine-Nicolas, à François-André-Antoine de Le Gorgue de Rosny, et à dame Marguerite-Françoise du Val de Soyecourt son épouse; le parrain fut Pierre-Nicolas Duval de Soyecourt, et la marraine, Marie-Thérèse-Antoinette de Le Gorgue de Rosny, lesquels ont signé. Signé Pierre-Nicolas Duval de Soyecourt, Marie-Thérèse-Antoinette Delgorgue de Rosny, et S. Fauguier, curé.

Délivré, pour extrait conforme audit registre, par moi, secrétaire en chef de la mairie de cette ville, soussigné, le quinze germinal an douze de la République française.

J. CORDIER.

Légalisation, ledit jour, de la signature dudit Cordier, par du Bellay, premier juge au tribunal de première instance de l'arrondissement d'Abbeville.

Extraits du contrat de mariage de messire Antoine-Nicolas de Le Gorgue de Rôny avec demoiselle Caroline-Françoise-Louise-Judith de Thosse, passé devant Peincedé et Dublaisel, notaires à Boulogne, le 11 novembre 1765.

Parens du futur : demoiselle Marie-Thérèse-Antoinette de Le Gorgue de Rôny, sa tante paternelle; Nicolas-Pierre du Val, écuyer, seigneur de Soiecourt, lieutenant particulier en la sénéchaussée du Ponthieu, ancien mayeur, commandant pour le roi de la ville d'Abbeville, son oncle maternel; dame Marguaritte-Thérèse-Maurice, veuve de messire Pierre-André de Dourlens, écuyer, seigneur de Méricourt, magistrat en la sénéchaussée de Ponthieu, sa belle-grand' tante, à cause dudit feu seigneur de Méricourt, son époux; Pierre-Nicolas du Val, écuyer, seigneur de Soiecourt, mousquetaire du roi, cousin germain; Antoine-Michel-Joseph Le Roy, baron du Val en Surques, cousin; messire Louis-Marie d'Escault, écuyer, chevalier de Saint-Louis, et dame Antoinette Le Roy de Surques, son épouse, cousine;

demoiselle Marie-Thérèse-Jacqueline Le Roy de la Marancherie, cousine; messire Pierre-Vulfranc Briet de Rainvillers, écuyer, seigneur d'Hallencourt, Bernapré, Boismont, cousin, et dame Anne-Barbe du Jardin, son épouse; messire Charles-Philippe Becquin, écuyer, seigneur des deux Nemponts, cousin; messire Charles-François du Maisniel, écuyer, seigneur de Belleval, et dame Élisabeth-Marguerite Becquin, son épouse, cousine; messire Philippe Briet, écuyer, seigneur de Saint-Élier, et dame Margueritte-Charlotte-Henriette Papin, son épouse, tous deux cousins; dame Marie-Gabrielle Le Roy, veuve du sieur Abot de Bazinghen, cousine; M. François Abot de Bazinghen, écuier, conseiller en la cour des Monnoies; M. Jean-Jacques Abot de la Cocherie, ancien capitaine au régiment de la marine, chevalier de Saint-Louis, cousins; messire Henry-François-Eugène Verbier de Chartres, écuyer, seigneur de Châtenay, chevalier de Saint-Louis, officier des mousquetaires noirs, et dame Charlotte-Margueritte d'Arnaud, son épouse, cousine; demoiselles Constance-Joséphine et Marie-Louise d'Arnaud, cousines; messire Charles de Mansel, écuyer, seigneur de Houdan, cousin à cause de feue dame Thérèse de Framery, son épouse; messire Pierre de Robelin, écuyer, seigneur de Sept-Fontaines, ancien capitaine au régiment de Picardie, chevalier de Saint-Louis, et dame N. de Manssel, son épouse; messire Amable de La Pasture, chevalier, vicomte d'Auchel, et dame Louise de Mansel, son épouse; M. de Saint-Just, lieutenant-général d'Ardres, cousin, à cause de la feue dame de Framery, son épouse; messire Charles Papin, écuyer, seigneur de Caumesnil, Barly, etc., procureur du roi en la sénéchaussée de Ponthieu, et dame Marie-Françoise Aubry, son épouse, cousins; messire Philippe-Alexandre Ange, chevalier, seigneur de Beaulaincourt, et dame Marie-Charlotte Papin de Caumesnil, cousine; dame Marie-Madeleine Léperon, veuve de messire André Vincent, chevalier, seigneur d'Hautecourt, lieutenant-colonel d'infanterie, cousine; messire Charles Vincent, chevalier, seigneur d'Hautecourt, chevalier de Saint-Louis, capitaine au régiment de Champagne, cousin; messire Louis-Claude du Camp de Rosamel, chanoine de la cathédrale Notre-Dame de Boulogne, cousin; messire Claude-Louis-Marie du Camp, écuyer, seigneur de Rosamel, Frencq, chevalier de Saint-Louis, lieutenant-colonel major au régiment de Navarre, et messire Daniel du Camp, chevalier de Rosamel, cousins; dame Marie-Jacqueline de Roussel de Mont-Marly, veuve de messire Claude-André Le Roy de Lozembrune, président de la sénéchaussée du Boulonnois, cousine, à cause dudit feu seigneur Le Roy de Lozembrune, son époux; messire Antoine-François-Edme de La Pasture, écuier, seigneur d'Offretun, cousin, à cause de feue dame Madeleine-Ursule Le Roy, son épouse; messire Gabriel de Patras, chevalier de Campaigno, et dame Blanche-Élisabeth-Julie de Roussel de Pinctun, son épouse, ses amis; messire Jacques-Nicolas Le Boucher d'Ailly, chevalier, seigneur de Richemont, ancien mayeur, commandant de la ville d'Abbeville, aussi son ami.

Parens de la future : les sieurs Raphaël-François-Hippolyte et Pierre-Martin-Éléonor-Judith de Thosse, ses frères; dame Marie-Louise de Willecot, veuve de messire Hippolyte de Châteauneuf, commissaire or-

donnateur de la marine à Calais, son ayeule ; demoiselle Margueritte-
Judith de Willecot de Raucourt, grand' tante ; dame Marie-Françoise
Le Fort, veuve de messire Pierre de Châteauneuf, trésorier provincial
des guerres en Picardie, cousine à cause de son mari ; Charles de Thosse,
ancien capitaine de dragons, demeurant à Calais, oncle ; Gaspard Mol-
lieu de Belleterre, capitaine de cavalerie, garde-côtes du Calaisis, grand-
oncle ;... messire Charles-Philippe-Albert-Joseph, comte de Sainte-Aldegonde et de Noircarmes, etc., chevalier de Saint-Louis, colonel de
cavalerie, et dame Anne-Louise-Marie-Madeleine-Élisabeth d'Isque,
dame des marquisats de Colemberg, Alembon, de la baronnie d'Herme-
lingheu, connétable du comté de Guines, de la vicomté d'Isque, etc. ;
messire Jean-Louis d'Isque du Manoir, chevalier de Saint-Louis, colonel
d'infanterie ; demoiselles Charlotte-Julie d'Isque, Gabrielle-Benoîte
d'Isque d'Échinghen, Jacqueline-Antoinette d'Isque du Manoir, et Charlotte d'Isque de Nabringhen, cousins et cousines ; dame Élisabeth-Sa-
bine du Wicquet, veuve de messire Jacques-Joseph Willecot de Raucourt, cousine à cause dudit feu sieur de Raucourt, son mari ; messire
Charles de Campagne, écuyer, seigneur de Plancy, des Prés, chevalier
de Saint-Louis, mestre-de-camp de cavalerie, major des ville et château
de Boulogne, et dame Élisabeth Willecot, son épouse, cousine ; demoiselle Marie-Margueritte-Charlotte de Willecot de Raventhun, cousine ;
dame Marie-Louise-Margueritte de Willecot, veuve de messire Louis-
Marie de Campagne, chevalier, seigneur de la Varenne et du Boutillier,
cousine ; dame Marie-Louise Mutinot, veuve de Louis-Marie-François de
Willecot, écuier, seigneur de Rincquesen, cousine à cause dudit feu
sieur de Rincquesen, son mari ; demoiselle Marie-Louise-Margueritte de
Willecot de Raucourt, cousine ; demoiselle Alix-Charlotte de Willecot,
cousine ; messire François-Achille de Willecot de Rincquesen, frère
desdites demoiselles de Willecot, cousin ; messire Jean-Baptiste Oudard
de Dixmude, chevalier, seigneur de Montbrun, Recq, chevalier de Saint-
Louis, et dame Rosalie Du Quesne de Clocheville, son épouse, cousine...
Signé les futurs, les parens, Peincedé et Dublaisel, notaires.

29 octobre 1775, contrat de mariage de M. de Rôny de Le Gorgue,
avec noble demoiselle Apolline de Pestre.

Par-devant les notaires royaux d'Artois, soussignés, résidans à Saint-
Omer, furent présens : messire Antoine-Nicolas de Le Gorgue, escuier,
seigneur de Rôny, de Le Gorgue et autres lieux, conseiller du roi, président trésorier de France en la généralité de Picardie, veuf en première
noces de feue dame Caroline-Françoise-Louise-Judith de Thosse, demeurant à Boulogne, de présent en cette ville de Saint-Omer, fils de
feu François-Antoine-André et de dame Margueritte-Françoise du Val
de Soyecourt, d'une part.

Damoiselle Marie-Antoinette-Joséphine-Apolline de Pestre, fille mineure de feu Paul-Joseph, écuyer, et de dame Claire-Pétronille Ricouart,
procédante, sous l'autorité de M. Jean-Baptiste-Joseph de Pestre, son
frère et tuteur...

En cas de la dissolution de la communauté, la demoiselle future épouse, s'il n'y a enfans, reprendra tous ses biens, meubles et immeubles, ses hardes, bijoux,... carrosse à deux chevaux, et une somme de dix mille livres... dans le cas où le futur survivroit à la future, les mêmes avantages...

Fait audit Saint-Omer, le vingt-neuf octobre mil sept cent soixante-quinze.

Signé de Le Gorgue de Rôny; Apolline de Pestre; Jean-Baptiste de Pestre ; Claire de Pestre; Paul de Pestre; Marie de Pestre; Pierre Ricouart, et comme notaires, F.-J. Marquant et Bouret.

25 janvier 1792, contrat de mariage de M. de Rosny avec demoiselle Antoinette de Thosse.

Louis, par la grâce de Dieu et la loi constitutionnelle de l'État, roi des Français, à tous ceux qui les présentes lettres verront salut; savoir faisons que par-devant Pierre-Paul-André Le Maire, notaire à Saint-Dizier, en présence et assisté de Messieurs Louis-Maurice de Thomassin, ancien bailly d'épée au bailliage de Vitry-le-Français, demeurant à Bienville, et Jean-Claude de Fleurigny, chevalier de Saint-Louis, demeurant à Saint-Dizier, témoins appelés au lieu d'un autre notaire, furent présens : M. Antoine-Nicolas de La Gorgue de Rôny, ci-devant président, trésorier de France à Amiens, demeurant à Moisselles, près Beaumont-sur-Oise, veuf en premières noces de dame Caroline de Thosse, de laquelle et de lui il y a actuellement un enfant vivant, et, en secondes noces, de dame Apolline de Pestre, de laquelle et de lui il y a trois enfans vivans, d'une part.

M. Raphaël-Hippolyte-François de Thosse, ancien officier de cavalerie, et dame Antoinette de Roussel, son épouse, demeurans à Joinville, stipulant pour demoiselle Antoinette de Thosse, leur fille mineure, demeurant avec eux, d'autre part. Lesquels sieur Antoine-Nicolas de La Gorgue de Rôny, et demoiselle Antoinette de Thosse, désirans se prendre et allier par la loi et sacrement de mariage, ont avant la célébration d'icelui fait et arrêté les conventions matrimoniales qui suivent...

Parens de la future : M. Philippe de Roussel, chevalier de Saint-Louis, et dame Christine Cousin, son épouse, ayeux ; M. Jacques de Roussel, prêtre, grand-oncle ; M. Louis-Claire de Saint-Génis, ancien président de l'élection de Vitry-le-Français, grand-oncle à la mode de Bretagne; dame Jeanne-Sophie de Brienne, épouse de M. de Bienville.

... Fait et passé à Bienville, près Saint-Dizier. Signé Antoinette de Thosse; de La Gorgue de Rôny; de Roussel de Thosse ; de Thosse, cousin de Roussel; Brienne de Thomassin, de Saint-Génis; Henriette de Bellefond de Branville, avec L. M. de Thomassin et Fleurigny, témoins, et Lemaire, notaire.

Enregistré à Saint-Dizier le 26 janvier 1792.

Note de la main de M. de Rosny, dans laquelle il dit qu'il ira à Paris vendre sa charge de veneur de Monsieur le duc d'Orléans, en octobre 1766.

Procès-verbal du 20 février 1765 de plantation d'une nouvelle haye d'épines au fief de Rôny par Antoine Dupont, arpenteur à Gamaches, en place d'une ancienne appartenant à messire Antoine-Nicolas de La Gorgue de Rôny, faisant séparation d'une masure à labour appartenant audit seigneur de Rôny d'avec la maison et jardin des Caron, le long de laquelle haye fut trouvée une ancienne fondation de muraille.

Extrait des registres de la paroisse Saint-Joseph de Boulogne.

Le huit novembre mil sept cent soixante-six a été baptisé Nicolas, fils de messire Antoine-Nicolas d'Élegorgue, écuyer, seigneur de Rôny, Élegorgue et autres lieux, conseiller du roi, président trésorier de France, et de dame Caroline-Françoise-Louise-Judith de Thosse. Le parrain a été messire Nicolas-Pierre du Val, écuyer, seigneur de Soiecourt, ancien mayeur commandant de la ville d'Abbeville, représenté par messire Raphaël-Hippolyte-François de Thosse, et la marraine dame Marie-Charlotte-Geneviève de Châteauneuf, épouse de M. Mallet, assesseur à Calais, représentée, par demoiselle Catherine Gille Chinot de Fromessent. Signé, d'Élegorgue de Rôny, de Thosse, Chinote de Fromessent.

Extrait des registres des baptêmes de la paroisse Notre-Dame de Calais, diocèse de Boulogne-sur-Mer, pour l'année mil sept cent quarante-neuf, huitième mois de septembre.

Le neuf, je, soussigné, prêtre curé de l'unique paroisse de Notre-Dame de cette ville, bachelier en théologie de la Faculté de Paris, ai suppléé les cérémonies du saint baptême à une fille, née le 18 août dernier, qui fut ondoyée par moi l'instant après sa naissance par permission de monseigneur l'évêque de Boulogne, laquelle fille procréée du légitime mariage de messire Jacques-François de Thosse, chevalier de l'ordre du roi, président de Calais, et de très-noble damoiselle madame Marie-Charlotte-Geneviève de Châteauneuf, son épouse, tous deux de cette paroisse; a été tenue sur les fonds et nommée Caroline-Françoise-Louise-Judith par messire Charles de Thosse, chevalier, gouverneur pour le roi du fort Mortier et isle du Rhin, ancien lieutenant colonel au régiment colonel-général des dragons, chevalier de Saint-Louis, grand-oncle paternel, et par dame Françoise Le Fort, épouse de messire Pierre de Châteauneuf, écuier, seigneur dudit lieu, Beussen, Enguinehaut en Boulonnois, parrain et marraine, qui ont signé avec nous. Ainsi signé : de Thosse, Françoise Le Fort, de Châteauneuf, du Teil, curé.

Extrait des registres des baptêmes et sépultures de l'église Saint-Joseph de Boulogne.

Le 20 janvier 1769 est décédée dame Caroline-Françoise-Louise-Judith de Thosse, épouse de messire Antoine-Nicolas de Le Gorgue, écuyer, seigneur de Rôny et autres lieux ; elle fut inhumée avec son enfant mort en naissant dans l'église des Ursulines, en présence de messire Charles de Campagne, chevalier de Plancy, son cousin.

Sur sa tombe fut mise l'inscription suivante : « Ici repose le corps de dame Caroline-Françoise-Louise-Judith de Thosse, épouse de messire Antoine-Nicolas d'Élegorgue, seigneur de Rôny, écuyer, président trésorier de France en la généralité de Picardie ; issue d'une noble et ancienne famille de Calais où les premières charges de judicature étoient héréditaires, elle en soutint le nom par ses vertus. Elle mourut à l'âge de 19 ans et demi, le 20 janvier 1769, ayant choisi ce sanctuaire, sa première école, pour sa sépulture. »

Acte de tutelle de Nicolas de Le Gorgue de Rôny, du 23 janvier 1769.

L'an 1769, le 23ᵉ jour de janvier, par-devant nous Charles-François Dauphin, écuyer, seigneur d'Halinghen, lieutenant général en la sénéchaussée du Boulonnois, est comparu messire Antoine-Nicolas d'Elgorgue de Rôny, écuyer, conseiller du roi, trésorier de France en la généralité d'Amiens, demeurant en la haute ville de Boulogne, lequel nous a dit que la nuit du vendredi à samedi dernier il a eu le malheur de perdre dame Caroline-Françoise-Louise-Judith de Thosse, son épouse, qui lui a laissé un enfant mineur qui se nomme Nicolas Delgorgue de Rôny, âgé d'environ vingt-six mois ; que, comme il convient de le pourvoir d'un tuteur et d'un subrogé tuteur, il a, cejourd'hui, fait assembler par-devant nous les parens tant paternels que maternels dudit mineur pour délibérer sur les objets dont s'agit. Le premier desquels se nomme messire Antoine-Michel-Joseph Le Roy, baron du Val en Surques, son grand-oncle paternel à cause de dame Marie-Thérèse-Antoinette Delgorgue de Rôny son épouse ; le second, messire Louis-Claude Ducamp de Rosamel, prêtre chanoine de la cathédrale de Boulogne ; le 3ᵉ, messire Louis-François de Lastre de Val du Fresne, aussi chanoine, ses cousins paternels ; le 4ᵉ, maître Charles-Nicolas Bonnet, fondé de procuration de dame Marie Charlotte-Geneviève de Châteauneuf, ayeule maternelle ; le 5ᵉ, messire Charles de Campagne, écuyer, seigneur de Plancy, chevalier de Saint-Louis, mestre de camp de cavalerie, major des ville et château de Boulogne, grand-oncle à la mode de Bretagne à cause de dame Élisabeth de Willecot, son épouse ; le 6ᵉ, messire Charles-Philippe-Albert-Joseph, comte de Sainte-Aldegonde, Noircarmes, Hust, et du saint empire romain, chevalier de Saint-Louis, colonel de cavalerie, brigadier des armées du roi, cousin maternel dudit mineur à cause de dame Anne-Louise-Marie-Madeleine-Gabrielle d'Isque de Colemberg, son épouse ; le 7ᵉ, mes-

sire Louis-Gaspard-Nicolas Leveux, chevalier de Saint-Louis, colonel
d'infanterie, ingénieur en chef au département de Boulogne, aussi cousin maternel; tous lesquels parens ont déclaré unanimement qu'ils nom-
ment pour tuteur audit mineur la personne de son père et pour subrogé
tuteur celle dudit seigneur comte de Sainte-Aldegonde... Sauf audit seigneur de Rôny à requérir la garde noble dudit mineur s'il le juge à propos... Sur quoi avons nommé lesdits tuteur et subrogé tuteur. Ainsi signé :
d'Elegorgue de Rony, Ducamp de Rosamel, Bonnet, de Lastre du Val
du Fresne, Compagne de Plancy, Le Roy baron de Surques, le comte
de Sainte-Aldegonde, Leveux, Noël, Caron, Wyant, greffiers, Dauphin
d'Halinghen.

Les 20, 21, 22 février et 8 avril 1769, inventaire devant Destrées, notaire à Boulogne, de la communauté qui existoit entre lesdits sieur et
dame de Rosny, en présence de messire Charles-Philippe-Albert-Joseph,
comte de Sainte-Aldegonde, etc., subrogé tuteur dudit mineur.

Note manuscrite de M. de Rosny, d'où il résulte qu'il se proposoit de
vendre tous ses biens de Picardie, à l'exception du fief de Le Gorgue et
du bien de Bouillencourt (fief de Rôny)...... Elegorgue « fief en Ponthieu
tenu du roi. »

Lettres adressées par le sénéchal du Boulonnois à M. de Rosny, en
date des 11 juillet 1769, 1er juin 1778, 19 mai 1779, 6 mai 1780... pour
l'inviter à assister aux assemblées de la noblesse du Boulonnois. (Papiers de famille.)

Extraits des registres du roi aux archives du Palais de Justice
de Boulogne.

« Assemblée de la noblesse du Boulonnois du 12 juillet 1769 qui
nomma M. de la Rue, député, en place de M. d'Isque du Breuil. Signatures : Roussel de Pinctun, de Lastre du Ménégard, d'Hostove, d'Orrington, de Le Gorgue de Rôny, Roussel de Pernes, Hannicque d'Her-
quelingue, Vaillant du Chastelet, Montcornet, d'Isque du Manoir, Rocquigny, du Blaisel, Hannicque, Rodelinghen, Patras de Campaigno.
« Assemblée de la noblesse du Boulonnois du 9 juin 1777 qui nomme
M. Descajeuls et le baron du Blaisel députés pour l'octroi. Signatures :
du Blaisel du Rieux, Patras de Campaigno, du Chastelet, Rodelinghen,
du Blaisel de la Cloye, du Crocq de Bancres, d'Orrington, de Rôny, Descajeuls, du Blaisel, Leporcq de Champart, Rocquigny, Le Vaillant de
Bernaucourt, Le Porcq d'Herlen, Abot de Basinghen, de Bernes, de La
Rue, de Fiennes de la Planche, du Soulier, Patras de Campaigno. »

Extrait des registres des requêtes du Palais, à Paris,
du 9 mai 1769.

Défaut à messire Antoine-Nicolas Delegorgue, chevalier, seigneur de Rosny, conseiller du roi, trésorier de France au bureau des finances de la généralité d'Amiens, au nom et comme tuteur de son fils mineur issu de son mariage avec feu dame Caroline-Françoise-Louise-Judith de Thosse, seul héritier de la feue dame sa mère, Jean-Raphaël-Hippolyte-François de Thosse et Pierre-Martin-Judith-Éléonor de Thosse, tous deux écuyers mineurs émancipés d'âge, procédant sous l'autorité de messire Jean-Louis d'Isque, chevalier, seigneur du manoir, colonel d'infanterie, leur curateur aux causes, tous trois héritiers de feu messire Jean-François de Thosse leur père et ayeul. chevalier de l'ordre du roi, président de Calais... Enregistré au greffe des décrets de la cour, vol. L, fol° 796, r° et v°. (Papiers de famille.)

Assemblée de famille provoquée par M. de Rosny pour séparer les intérêts de son fils mineur de ceux de Mrs de Thosse, ses oncles, et nommer un tuteur *ad hoc* audit mineur, tenue en l'hôtel de M. Le Gressier de Belleterre, lieutenant particulier en la sénéchaussée du Boulonnois; ladite assemblée nomme le père tuteur. Les parens présens dudit mineur étoient messire François Abot, écuyer, seigneur de Bazinghen, conseiller en la cour des monnoies, messire Jean-Jacques Abot, seigneur de La Cocherie, chevalier de Saint-Louis, ancien capitaine au régiment du Maine, messire Gabriel-Charles-André Abot, écuyer, seigneur de Bourgneuf du Boutiller, ancien officier au régiment de Chartres, parens paternels; messire Louis-François de Lastre du Val du Fresne et messire Henry-Jean-Jacques de Lastre de Billeauville, chanoines de la cathédrale, cousins du côté paternel; messire Jean-Louis d'Isque, chevalier, seigneur du manoir, chevalier de Saint-Louis, cousin des côtés paternel et maternel, et messire Charles de Montcornet, chevalier de Saint-Louis, officier invalide, cousin du côté paternel. (Papiers de famille.) Cette assemblée fut tenue le 18 novembre 1780.

18 février 1780. Aveu et dénombrement que donne par-devant notaires royaux en la sénéchaussée du Boulonnois résidans à Boulogne sur mer, soussignés, à messire Jacques-Joseph-Pascal Le Boucher d'Ailly, chevalier, seigneur de Richemont, Bouillencourt en Séry, Saint-Élier, demeurant en son hôtel à Abbeville, rue des Capucins:

Messire Antoine-Nicolas de Le Gorgue, écuyer, seigneur de Rony, La Gorgue, Belleauville, Bresmes et autres lieux, président trésorier de France en la généralité d'Amiens, seul héritier de feu monsieur François-André-Antoine de Le Gorgue, seigneur de Rony, son père, qui étoit fils et héritier de monsieur Jacques-François de Le Gorgue, seigneur de Rony, vivant président et lieutenant général en la sénéchaussée du Boulonnois, héritier de monsieur Jean de Le Gorgue, seigneur de Rony, son père, douataire de monsieur Jean de Le Gorgue, seigneur de Rony, héritier de monsieur François de Le Gorgue, seigneur de Rony, son frère aux droits de dame Françoise Mourette, sa mère, femme de monsieur Jean de Le Gorgue, quadruple ayeul de l'avouant, desquels il y a aveu du 11 mars 1604, ladite dame Mourette, nièce et héritière de monsieur François Mourette, seigneur de Maisons, donataire de monsieur Jean Mourette, son frère, fils de François, dont aveu le 21 février 1523, acquéreur le 4 novembre 1518 de monsieur Nicolas de Rony, seigneur de Saint-Aubin en rivière, aux droits de Raoul de Rony, seigneur de Saint-Aubin, dont aveu le 22 janvier 1486 :

De ce que ledit sieur de Rony tient dudit sieur de Richemont un fief et noble tenement nommé le fief de Rony, au terroir dudit Bouillencourt-en-Séry, contenant cent quatorze journaux eu domaine, dont le détail suit : Le chef-lieu. . . . . une pièce de quatorze journaux provenant d'un échange entre le seigneur marquis de Gamaches et le seigneur de Rony, lieutenant-général de la sénéchaussée du Boulonnois, fait le 27 juillet 1710, par contrat devant Le Maignen et son confrère, notaires au châtelet de Paris... signé de Legorgue de Rony, Peincedé et Destrées, notaires, avec paraphe, controllé à Boulogne le 19 du même mois, par Lepreux qui a reçu 8 liv. 8 s., récépissé du 23 février 1780, signé A. Le Boucher de Richemont. (Papiers de famille.)

20 octobre 1785, aveu de Jean-Baptiste Carton, laboureur en l'isle de la Cauchoise, paroisse d'Ardres, et Marie-Catherine Delplace, sa femme, à messire Nicolas-Antoine Delegorgue, écuyer, seigneur de Rosny, baron du Val-en-Surques, seigneur de Bresmes, Legorgue, Frelinghen, Ophove et autres lieux, à cause de sa baronnie du Val-en-Surques, l'une des douze baronnies du comté de Guines, pour 102 verges de terres à labour, au lieu nommé les Noires-Terres, paroisse d'Ardres. Fait à Ardres, en l'étude de Garnier, l'un desdits notaires, le 25 octobre 1785. Signé Garnier. Controllé à Ardres, ledit jour, reçu 7 s. 6 d. Signé Castillon. (Papiers de famille.)

Octobre 1787, Antoine-Nicolas de La Gorgue, écuyer, seigneur de Rôny, Bresmes, Moisselles et autres lieux, baron du Val-en-Surques, à tous ceux qui ces présentes lettres verront, salut : savoir faisons que sur le bon et louable rapport qui nous a été fait de Me Guillaume de Saint-Amour, avocat et procureur du roi à Ardres, étant bien et duement informé de sa bonne vie et mœurs, suffisance et prudhommie, religion catholique, apostolique et romaine, expérience, avons pour ces causes donné et octroyé par ces présentes l'état et office de bailly et juge de notre justice de Bresmes, Ophove, Ferlinghen, pour par ledit sieur jouir dudit office aux honneurs, pouvoirs, libertés... y appartenant... ordonnons à tous nos vassaux et justiciables et autres que nous avons droit d'ordonner de le reconnoître pour tel et en cette qualité lui obéir et entendre... Car telle est notre volonté, en témoin de laquelle nous avons signé ces présentes de notre main, fait contre-signer icelles par notre secrétaire et apposer le sceau de nos armes. (Papiers de famille.)

Aveu fait à messire Antoine-Nicolas d'Elegorgue, écuyer, seigneur de Rony, La Gorgue, Belcauville, Éclemy-en-Sanghen et autres lieux......, demeurant ordinairement en son château de Beleauville en Boulonnois, tant en son nom que comme tuteur de messire Nicolas Delegorgue, écuyer, seigneur de Rony et d'Éclemy, son fils, par François Martin, laboureur au hameau du Vinthue, paroisse d'Alembon, de ce qu'il tient en fief et hommage desdits seigneurs à cause de leur seigneurie d'E-clemy mouvante de la châtellenie de Tournehen.

Fait à Alembon l'an 1786, le 14 novembre après midi. (Papiers de famille.)

Par-devant les conseillers du roi notaires au châtelet de Paris, inféoda-tion par messire Gabriel-Joseph Le Normand, baron d'Eaubonne, cheva-lier capitaine de dragons, enseigne de cent Suisses de la garde du roi, lieutenant colonel d'infanterie, chevalier de Saint-Louis, seigneur d'Eau-bonne et de la baronnie de Bellebrune, demeurant à Paris, rue Poisson-nière ; en faveur de messire Antoine-Nicolas de La Gorgue, écuyer, sei-gneur de Rony, Moisselles, baron du Val-en-Surques, demeurant à Moisselles et à présent à Paris à l'hôtel du Lyon d'Argent, rue du Fau-bourg Saint-Denis ; toutes les censives possédées par ledit sieur de Rony dans la paroisse de Wimille, relevant de la baronnie de Bellebrune, pour en former un seul fief auquel il attache la mouvance de tous les fiefs situés à Wimille qui relevoient de Bellebrune.

Fait en l'étude, à Paris, l'an mil sept cent quatre-vingt-huit, le sept août avant midi. Et ont signé la minute des présentes demeurée à Mᵉ Le Go, l'un des notaires soussignés. Signé Le Go.

Insinué à Boulogne le 3 novembre 1788, reçu 6 liv. 15 s. Signé Le-febvre (papiers de famille).

Aveu par dame Jeanne-Margueritte Carpentier, veuve du sieur Louis Le Blond, demeurant à Moisselles, à messire Antoine-Nicolas de La Gor-gue, écuyer, seigneur de Rôny, La Gorgue, Brème, Moisselles, baron du Val-en-Surques, de ce qu'elle tient de lui, à cause de sa seigneurie de Moisselles, une maison et bâtimens à Moisselles.

Fait à Moisselles, l'an 1787, le 10 novembre avant midi, par-devant le notaire de Saint-Brice soussigné. Signé Mainbray. Récépissé signé de Rôny.

Lettre dudit sieur Mainbray, datée du 18 juin 1789, portant pour sus-cription « à Monsieur de Rosny, baron du Val, à Boulogne-sur-Mer. » (Papiers de famille.)

Aveu de Claude Garenaux, veuf de Marie-Michelle Hamy, de ce qu'il tient en censive de messire Antoine-Nicolas de La Gorgue, écuyer, seigneur de Rosny, Bresmes, Éclemy, Moisselles et autres lieux, à cause de sa sei-gneurie d'Éclemy.

Fait à Ardres, le 26 février 1789, à midi.

La minute restée au notaire soussigné. Signé Garnier. (Papiers de famille.)

Par-devant notaires à Boulogne fut présent messire Antoine-Nicolas de
La Gorgue, écuyer, seigneur de Rony, La Gorgue, Brèmes, Belleauville,
baron du Val-en-Surques, seigneur foncier de Moisselles en France, y
demeurant, de présent à Belleauville, lequel fait et constitue pour son
procureur la personne de monsieur le comte de Béhague, maréchal de
camp, gouverneur de Bellisle, auquel il donne pouvoir pour lui et en son
nom comparoître devant monsieur le prévôt de Paris ou monsieur son
lieutenant civil à l'assemblée des trois états de la prévôté et vicomté de
Paris qui sera tenue en la grande salle de l'archevêché le 24 du présent
mois, à 7 heures du matin, et concourir avec les autres députés de son
ordre à la rédaction des cahiers, doléances... conformément à l'assigna-
tion donnée audit seigneur comparant à la requête de monsieur le procureur du roi au Châtelet de Paris, au principal manoir de sa seigneurie
de Moisselles, le onze du présent mois, et faire dire et requérir...

Fait et passé au château de Belleauville où les notaires se sont trans-
portés, le vingt-deux avril 1789. Signé Destrées, notaire.

Lettre de M. de Rosny, datée de Calais le 24 mars 1789, relatant ce qui
s'est passé à l'assemblée de la noblesse du Calaisis pour nommer un député aux états généraux en 1789, dont il faisoit partie pour ses terres du
Val-en-Surques, Bresmes, Ophove, Ferlinghen (papiers de famille).

Extraits des registres aux actes de baptêmes, mariages et sépultures
de la paroisse de Wimille.

L'an mil sept cent soixante-seize et le vingt-trois août, je soussigné
prêtre curé de la paroisse de Wimille, ai baptisé une fille née la veille
entre neuf et dix heures du soir, du légitime mariage de messire Antoine-
Nicolas de La Gorgue, écuyer, seigneur de Rony, La Gorgue, Belleauville et autres lieux, président trésorier de France, à Amiens, et de dame
Marie-Antoinette-Apolline-Joseph de Pestre, son épouse. Le parrain a
été Hector-Gabriel-Joseph Falligan, écuyer, seigneur d'Aubusson, demeurant en la ville de Gand, représenté par monsieur Jean-Baptiste-Paul-
Joseph de Pestre, écuyer, et la marraine, dame Marie-Thérèse-Antoinette de Le Gorgue de Rôny, veuve de monsieur Michel-Joseph Le Roy,
baron du Val-en-Surques, laquelle a nommé l'enfant Marie-Antoinette-
Joseph. Lesquels ont signé avec nous ainsi que messire de Rôny, père de
l'enfant. Signé de Rôny, baronne du Val-en-Surques, d'Elegorgue de
Rôny, Jean-Baptiste de Pestre, A. Pain, curé de Wimille.

Le dix-neuf mai mil sept cent soixante dix-huit, je soussigné prêtre
curé de Wimille, ay baptisé un garçon né le même jour, un peu après
minuit, du légitime mariage de messire Antoine-Nicolas de Le Gorgue,
écuyer, seigneur de Rôny et autres lieux... et de dame Marie-Antoinette-
Joséphine-Apolline de Pestre, son épouse, auquel on a imposé le nom

d'Antoine. Le parrain a été monsieur Jean-Baptiste-Joseph de Pestre, écuyer, son oncle maternel, représenté par messire François Oudard du Quesne, écuyer, seigneur de Clocheville et autres lieux, et la marraine, madame Tillette d'Offinicourt, épouse de messire Pierre-Nicolas Duval, écuyer, seigneur de Soicourt et autres lieux, représentée par mademoiselle Françoise-Albertine de Patras de Pinctun; lesquels représentans ont signé avec nous ainsi que le père de l'enfant. Signé Patras de Pinctun, Duquesne de Clocheville, d'Elegorgue de Rôny, A. Pain, curé de Wimille, Avisse, vicaire.

Le samedi vingt-six février mil sept cent quatre-vingt, a été baptisé un garçon né le même jour à trois heures et demie du matin, du légitime mariage de messire Antoine-Nicolas de Le Gorgue, écuyer, seigneur de Rôny, La Gorgue, Belleauville, Bresmes et autres lieux, président trésorier de France, à Amiens, et de dame Marie-Antoinette-Joséphine-Apolline de Pestre, par moi prêtre desserviteur soussigné. Le parrain a été messire Nicolas de Le Gorgue, écuyer, seigneur de Rôny, fils aîné dudit sieur de Rôny, et la marraine, madame Jeanne-Agnès de Pestre, épouse de messire Hector-Gabriel-Joseph Falligan, écuyer, seigneur d'Aubusson, demeurant à Gand, en Flandre, représentée par mademoiselle Henriette-Victoire de Bancre, qui ont donné à l'enfant susdit les noms Jean-Baptiste-Joseph et ont signé avec nous et le père de l'enfant. Signé N. de Rôny, de Le Gorgue de Rôny, Marie-Henriette-Victoire de Bancres, Charles, prêtre desserviteur de Wimille.

25 germinal an 13. Contrat de mariage de M. Jean-Baptiste-Joseph de Le Gorgue de Rosny, fils de M. Antoine-Nicolas et de dame Marie-Antoinette-Joséphine-Apolline de Pestre, avec demoiselle Marie-Louise-Lucie de Willecot de Rincquesen, fille majeure de défunts François-Achille, et de dame Marie-Françoise-Charlotte-Geneviève Dumont de Courset. Ce contrat contient beaucoup de noms de parents, et les signatures suivantes : J.-B.-J. de Legorgue-Rôny, Lucie Willecot de Rincquesen, N. de Le Gorgue-Rôny, A. de Le Gorgue-Rôny, P.-M. de Pestre, Agathe Willecot de Rincquesen, Willecot de Rincquesen, de Pestre Acary de Beuacorroy, Dumont de Courset, Willecot veuve Leveux, Willecot, Pioger de Le Gorgue-Rôny, Victoire de Pestre, de Dixmude-Montbrun, L.-S. Trévet née Leveux, Duquesne de Clocheville, Joseph de Trévet, F. du Soulier, Martial du Soulier, Émilie Abot-Bazinghen, du Soulier de Clocheville, de Dixmude-Montbrun, Campagne veuve Abot-Bazinghen, de La Villeneufve du Blaisel, Grandsire, Routier et Dupont, notaires. Passé à Boulogne-sur-Mer.

J'ai été nommée Louise par Marie-Louis-Eugène de Béthune et madame de Rosny, née Louise-Lucie Willecot de Rincquesen.

J'ai été nommée Joséphine par Jean-Baptiste-Joseph de Le Gorgue de
Rosny et madame de Béthune, née Anne-Albertine-Joséphine de Mont-
morenci-Luxembourg.

J'ai été nommée Thérèse-Alexandrine par Jean-François-Alexandre
Jacquemin de Château-Renault et demoiselle Louise-Thérèse-Élisabeth
Libert.

Décoration de l'ordre du Lys. S. M. Louis XVIII ayant, par décision
du 25 mai dernier, accordé la décoration de l'ordre du Lys aux gardes
d'honneur à pied et à cheval qui ont fait le service auprès de lui lors de
son séjour à Boulogne, M. de Rosny est, en conséquence, autorisé à
porter cette décoration.

Pour extrait de la décision du roi, signée par le comte de Blacas-d'Au-
gis. Boulogne, le 6 juin 1814. Le commandant en second de la garde
nationale à cheval.

Signé : Guéroult de Boisclaireau.

Paris, 26 juillet 1814. A M. de Rosni de Lozembrune.

J'ai l'honneur de vous prévenir, Monsieur, que le Roi a daigné vous
accorder la Fleur de Lys ; vous êtes en conséquence autorisé à vous en
décorer.

Agréez, Monsieur, l'assurance de ma considération distinguée. Le premier valet de chambre du roi.

Signé : le baron de Villedavray.

Extrait de l'ordonnance du roi.

Louis, par la grâce de Dieu, roi de France et de Navarre, à tous ceux
qui ces présentes lettres verront, salut. Avons ordonné et ordonnons ce
qui suit :

Est nommé pour remplir jusqu'en 1821 les fonctions de maire de la
ville de Boulogne (département du Pas-de-Calais), le sieur Delgorgue de
Rosny de Rinquesent (Jean-Baptiste).

Donné en notre château des Tuileries, le 15 mai l'an de grâce 1816,
et de notre règne le 21ᵉ.

Signé : Louis.

Extrait de l'ordonnance du roi.

Louis, par la grâce de Dieu, roi de France et de Navarre, à tous ceux qui
ces présentes lettres verront, salut. Avons nommé et nommons le sieur Delgorgue de Rosny de Rinquesen (Baptiste), maire de Boulogne, membre du
conseil de l'arrondissement de Boulogne, en remplacement de M. Leveux, décédé.

Donné à Paris au château des Tuileries, le 12 mars de l'an de grâce
1817 et de notre règne le 22ᵉ.

Signé : Louis.

7

Extrait d'une ordonnance du roi.

Charles, par la grâce de Dieu, roi de France et de Navarre, à tous ceux qui ces présentes lettres verront, salut... Est nommé membre du conseil général du département du Pas-de-Calais le sieur de Rosny (Jean-Baptiste-Joseph), en remplacement du sieur Dublaisel Durieux, démissionnaire.

Donné en notre château de Saint-Cloud, le 2 août de l'an de grâce 1829 et de notre règne le 5e.

Signé : CHARLES.

Extrait de l'ordonnance royale du 24 décembre 1823.

Louis, par la grâce de Dieu, roi de France et de Navarre, à tous ceux... salut. Avons nommé et nommons pour présider le collége électoral du 2e arrondissement du département du Pas-de-Calais à Boulogne, le sieur de Rosny, ancien maire de Boulogne.

Donné en notre château de Saint-Cloud, le 24 décembre de l'an de grâce 1823, et de notre règne le 29e.

Signé : LOUIS.

Lettre close du roi. Monsieur de Rosny. Nous avons jugé convenable de convoquer dans la ville de Boulogne, pour le 25e jour du mois de février 1824, le 2e collége électoral du 2e arrondissement du Pas-de-Calais, à la présidence duquel nous vous avons nommé. Vous prêterez par écrit le serment dont la formule vous a été remise par notre ordre.

Fait en notre château des Tuileries, le 24 décembre 1824, et de notre règne le 29e.

Signé : LOUIS.

Sceau sur lequel est écrit Monsieur de Rosny.

Extrait de l'ordonnance royale du 5 novembre 1827.

Charles, par la grâce de Dieu, roi de France et de Navarre, à tous ceux... salut. Est nommé président du 2e collége électoral du département du Pas-de-Calais, à Boulogne, le sieur de Rosny, député sortant.

Donné en notre château des Tuileries, le 5 novembre de l'an de grâce 1827, et de notre règne le 4e.

Signé : CHARLES.

Lettre close du roi. Monsieur de Rosny. Nous avons jugé convenable de convoquer dans la ville de Boulogne pour le 17e jour du mois de novembre courant le collége électoral du 2e arrondissement du Pas-de-Calais, à la présidence duquel nous vous avons nommé. Vous prêterez par écrit le serment dont la formule vous a été donnée par nos ordres.

Fait en notre château des Tuileries, le 5 novembre de l'an de grâce 1827, et de notre règne le quatrième. Signé : *Charles*, avec le sceau sur lequel est écrit Monsieur de Rosny.

Préfecture du Pas-de-Calais, Arras, le 27 février 1824.

Monsieur, Son Excellence le ministre de l'intérieur me charge de vous rappeler que vous avez à vous pourvoir des pièces à l'appui de votre élection pour les produire à la Chambre : 1° votre acte de naissance ; 2°....

L'ouverture de la session des chambres est fixée au 23 mars prochain, et le Gouvernement attache beaucoup d'importance à ce que les députés royalistes s'y trouvent en nombre suffisant à la séance royale. Je suis chargé par Son Excellence de vous inviter à faire tout votre possible pour être arrivé à Paris à cette époque.

Je suis avec une haute considération, Monsieur, votre très-humble et très-obéissant serviteur. Le préfet du Pas-de-Calais, Siméon.

A monsieur Delegorgue de Rosny de Rinquesent, membre de la chambre des députés, à Boulogne.

Lettre close du roi. Très-cher et bien-aimé, nous vous faisons cette lettre pour vous prévenir que notre intention est que vous vous rendiez à Paris, le mardi vingt-trois de ce mois, pour la convocation que nous avons ordonnée de la chambre des députés des départements; et à cela ne faites faute, car tel est notre bon plaisir. Sur ce nous prions Dieu qu'il vous ait en sa sainte garde.

A Paris, le 7 mars mil huit cent vingt-quatre. Signé : Louis.

Avec le sceau royal sur lequel est écrit : Monsieur de Rosny.

Lettres closes semblables du 21 novembre 1825, du 25 décembre 1825 et du 5 novembre 1826. Signées : Charles.

Brevet de chevalier de la Légion d'honneur.

Charles, par la grâce de Dieu, roi de France et de Navarre, chef souverain et grand maître de l'ordre royal de la Légion d'honneur, à tous ceux qui ces présentes lettres verront, salut.

Voulant donner une preuve de notre satisfaction royale au sieur Delgorgue de Rosny (Jean-Baptiste-Joseph), né le 26 février 1780 à Wimille, département du Pas-de-Calais, membre de la chambre des députés, pour les services qu'il nous a rendus et à l'État; l'avons nommé chevalier de l'ordre royal de la Légion d'honneur pour prendre rang à compter du 19 mai 1825 et jouir du titre de chevalier et de tous les honneurs et prérogatives qui y sont attachés.

Donné au château des Tuileries, le vingt-deux mars de l'an de grâce 1826, et de notre règne le 2e. Signé : Charles. Par le roi, le grand chancelier de l'ordre royal de la Légion d'honneur, Macdonald. Vu, vérifié, enregistré, le secrétaire général de l'ordre, vicomte de Saimmart.

VII. — JACQUES DE LA GORGUE,

SEIGNEUR DE RETONVAL,

MARI DE DEMOISELLE MARGUERITTE DE LATTRE,

ET SES ENFANTS.

(Voir page 64 et suiv.)

Extrait des généalogies de M. du G., à Abbeville.

« Noble homme Jacques de Le Gorgue, troisième fils de noble homme
Jehan, seigneur de Rosny, et de demoiselle Margueritte de La Garde de
Faveilles, fut seigneur de Retonval, fief à Bouillencourt en Séry, mourut
paroisse Saint-Sépulcre, à Abbeville, le 20 novembre 1693 ; marié par
contract du 18 janvier 1657, devant Antoine de Boullongue, notaire à
Abbeville, à demoiselle Margueritte de Lattre, fille de Jacques, seigneur
du Rosel, et de demoiselle Margueritte Grebent; elle vivait veuve en
1698 et 1707 ; dont 1° Jean, né paroisse Saint-Gilles, le 8 septembre
1658 ; 2° Nicolas, né paroisse Saint-Sépulchre, le 9 septembre 1664, fut
seigneur de Retonval et vivant en 1680; 3° noble homme Jacques, qui
suit ; 4° Jean, né paroisse Saint-Sépulchre, le 4 juin 1669, mort le
7 novembre 1680 ; 5° Margueritte, née paroisse Saint-Sépulchre, le 1er
octobre 1660 ; 6° Marie-Anne, née paroisse Saint-Sépulchre, le 30
mai 1672. »

Voyez l'extrait du testament de Jean de Le Gorgue et de Margueritte
de La Garde, page 66, ainsi que l'extrait de l'inventaire après leur décès,
même page.

Extrait de mémoires de famille.

« Jacques d'Élegorgue, fils de Jean et de Margueritte de La Garde,
fut partagé dans le testament de ses père et mère, du fief de Retonval,
à Bouillencourt en Séry, dont il prit le nom, que porta aussi son fils. Il
eut aussi une ferme et 180 journaux de terre au terroir du Quesnoy sur
Airaines, et des prés à Cocquerel, L'étoille, Longuet, Long, Épagnette,
et au faubourg Saint-Gilles, etc. Marié le 18 janvier 1657, devant de
Boullongne, notaire à Abbeville, à demoiselle Margueritte de Lattre... »

Voyez les extraits baptistaires et de décès des enfants de Jean de Le
Gorgue, frère de Jacques, où ledit Jacques est qualifié noble homme
seigneur de Retonval, et signe de Le Gorgue de Retonval, pages 71, 72.

Extraits des registres de la paroisse Saint-Sépulchre d'Abbeville.

Le 30 mai 1672 est née, et baptisée le 31, Marie-Anne, fille de Mre Jacques de Le Gorgue et de Margueritte de Lattre. Parrain, vénérable et discrète personne Octavien de Ray, prêtre; marraine, Mlle Anne de Jouthe.

Le 14 juillet 1708, est décédée et inhumée en l'église Saint-Sépulchre, demoiselle Marie-Anne de Le Gorgue, fille majeure de défunct M. de Le Gorgue, seigneur de Retonval, en présence de M. Le Gorgue de Retonval, son frère, prévôt de la maréchaussée, et de M. de Ray, prêtre. Signé de Le Gorgue Retonval; Octavien de Raie; Becquin du Fresnel, curé.

VIII. — JACQUES DE LA GORGUE,

ÉCUYER, SEIGNEUR DE RETONVAL,

ÉPOUX DE DEMOISELLE MARGUERITTE D'INGER, DAME DE LA VICOMTÉ

DE BEAUVOIR, BECQUEREL, BROUTELLES, DARNETAL,

ET LEUR FILLE MARGUERITTE, FEMME DE M. D'ARNAUD.

(Voyez page 64 et suiv.)

Extrait de mémoires de famille.

« Jacques d'Élegorgue, époux de demoiselle de Lattre, eut un fils nommé comme lui, Jacques, seigneur de Retonval, lequel, en 1702, étoit lieutenant au régiment de Lannoy, et fut ensuite (à ce qu'il paroît), lieutenant de la maréchaussée à Abbeville, et qui laissa une fille unique, Margueritte-Louise d'Élegorgue de Retonval, mariée à messire Charles d'Arnaud, mort à Abbeville le 23 novembre 1763, en la paroisse Saint-Jean des Prés, sa femme étoit morte peu d'années avant lui; ils ont laissé trois filles, savoir : 1° Charlotte-Margueritte d'Arnaud, demoiselle de Beaucamp, mariée en février 1765 avec messire Henry-François-Eugène Werbier de Chartres, chevalier, seigneur de Châtenay, chevalier de Saint-Louis, officier des mousquetaires noirs, dont une fille, qui fut Mme de Rainneville; 2° Constance-Joséphine, demoiselle de Beauvoir; 3° Marie-Louise, demoiselle de Cayeu. »

Extrait des généalogies de M. du G., à Abbeville.

« Noble homme Jacques de Le Gorgue, époux de demoiselle de Lattre, fut père de noble homme Jacques de Le Gorgue, écuyer, seigneur de

Retonval, et de la vicomté de Beauvoir, né paroisse Saint-Sépulchre, le 23 mars 1667, fut prévôt des maréchaux de France à Abbeville et mourut paroisse Saint-Georges, le 13 janvier, vers 1737. Marié par contract du 29 novembre 1706, devant Me Philippe Le Febvre, notaire, à demoiselle Margueritte d'Inger, fille de noble homme Charles, seigneur de Beauchamps, et de demoiselle Margueritte Hervy ; d'où vint Louise-Margueritte, dame de Retonval, de la vicomté de Beauvoir, de Becquerel, du Broutelle, née paroisse Saint-Gilles le 13 novembre 1707, morte le 23 décembre 1761, mariée par contract du 8 octobre 1735, devant Me Delignières, notaire à Abbeville. à Charles d'Arnaud, chevalier, seigneur patron de Beaucamp Le Vieil, Frettemente, Séronville, président de l'élection de Ponthieu, fils de Charles et de demoiselle Marie-Catherine de Calonne des Essarts, dont suite. »

Extrait des archives d'Amiens.

M. Jacques de Le Gorgue de Retonval fut pourvu, par lettres du 6 avril 1704, de l'office de lieutenant de la maréchaussée de Picardie, Boulonnois, Artois et pays conquis et reconquis ; le 8 du même mois, il fut reçu au siége de la table de marbre du palais à Paris, et le 22 du même mois, il présenta au bureau des finances d'Amiens ses lettres de provision sur le repli desquelles a été mis : (*Vu au bureau des finances d'Amiens, le* 22 *avril* 1704.)

Lettres patentes données à Versailles le 20 mars 1730, confirmatives de l'édit du roi du mois de septembre 1706, qui attribuent aux prévôts et lieutenants de maréchaussée le titre d'écuyer, et tous les priviléges et exemptions dont jouissent les commensaux de la maison du roi.

Ordonnance du roi du 18 février 1772, sur le rang des officiers de la maréchaussée et de la connétablie. Les prévôts ont rang de lieutenant-colonel de cavalerie, et les lieutenants, rang de capitaines de cavalerie. (*Voyez le Recueil du tribunal des maréchaux de France, par M. de Beaufort,* t. II, p. 348.)

Extrait de l'Armorial d'Hozier.

Généalogie d'Arnaud, où ledit sieur de Retonval est dit ancien gendarme.

Copie d'un billet de faire part.

« Messieurs et dames, vous êtes priés d'assister aux convois, vigiles et enterremens de dame Margueritte-Louise Delegorgue de Retonval, dame de la vicomté de Beauvoir, de Becquerel, de Broutel, épouse de messire Charles d'Arnaud, chevalier, seigneur et patron de Beaucamp-le-Vieil, Frettemeule, Sérouville, président en l'élection de Ponthieu, qui se feront ce jourdhuy lundi, 28 décembre 1761, à quatre heures du soir, dans l'église de Saint-Jean des Prés, sa paroisse, ensuite à l'inhumation dans celle des R. P. Cordeliers, et le lendemain au second service qui se dira à onze heures du matin, en ladite église Saint-Jean des Prés, où

messieurs et dames se trouveront s'il leur plaît. De profundis. Requiescat
in pace. On dira des messes basses le jour du service, depuis sept heures
du matin jusqu'à midi. » (*Papiers de famille.*)

Lettre de M. d'Arnaud à M. de Rôny, datée d'Abbeville le 4 septembre
1762, par laquelle il lui mande que sa fille n'est plus dans l'intention de se
défaire du domaine et fief de Retonval, mais que cependant il peut traiter
avec elle; que les trois cinquièmes des biens de M. de Retonval et de sa
femme existent encore, et que les deux autres cinquièmes ont été remplacés dans la terre de Beaucamp.

VII. — PHILIPPE DE LA GORGUE,

CHEVALIER, SEIGNEUR DE SAINT-ÉLOY,

CAPITAINE AU RÉGIMENT DE BOURGOGNE,

ALLIÉ A DAMOISELLE MARGUERITTE DE LENGAIGNE,

ET LEURS ENFANTS.

(Voir page 64 et suiv.)

Extrait de mémoires de famille.

Philippe d'Elegorgue, fils de Jean et de Margueritte de La Garde, fut
partagé par le testament du 24 août 1650, de la moitié appartenant à son
père, dans le fief de Saint-Éloi, de terres à Vismes, Morival, Longuet,
Condé, L'Étoille, Épagnette et faubourg Saint-Gilles. Il porta le nom de
seigneur de Saint-Éloy, servit dans le régiment de Bourgogne, où il fut
capitaine et lieutenant colonel (ce régiment fut levé en 1668, et c'est apparemment le temps où il y entra). Il épousa demoiselle Margueritte de
Lengaigne, dont il est resté une fille unique, Marie d'Élegorgue, demoiselle de Saint-Éloy, qui épousa messire Charles de Belleval, chevalier,
seigneur de la Neuville, demeurant au village d'Hocquelus, près Tours,
en Vimeu; d'où Léonard-René de Belleval, chevalier, seigneur de Boisrobin, et une fille, demoiselle d'Ambricourt.

Extrait des généalogies de M. du G., à Abbeville.

« Noble homme Philippe de Le Gorgue, fils de noble homme Jean,
seigneur de Rosny, et de demoiselle Margueritte de La Garde de Faveilles, fut écuyer, seigneur de Saint-Éloy, capitaine d'infanterie au
régiment de Bourgogne et de Chamilly. Marié par contract du 9 août
1662, devant Me Antoine Le Febvre, notaire à Abbeville, à demoiselle Mar-

gueritte de Lengaigne, fille de Claude, et de demoiselle Margueritte du Mont, dont :

« 1° Noble homme Jacques de Le Gorgue, seigneur de Saint-Éloy, ancien officier d'infanterie au régiment de Lannoy, ancien lieutenant général en la justice prévôtale et maréchaussée d'Abbeville. vivant en 1716, mort sans alliance ; 2° Jean, né paroisse Saint-Gilles le 16 juillet 1676, eut pour parrain et marraine Jean d'Arnaud, seigneur de Saint-Bonnet, et Marie de Le Gorgue ; 3° Marie-Margueritte, mariée par contract du 23 mai 1693 devant M° Robert de Lengaigne, notaire à Abbeville, à Charles de Belleval, chevalier, seigneur de la Neufville, veuf de dame Margueritte Levasseur de Neuilly et fils né vers 1640 de François de Belleval, chevalier, seigneur de la Neufville, et de dame Geneviève de La Rue de Bois-Robin. Il mourut à Hocquelus après 1708 ; 4° Anne, née paroisse Saint-Gilles, le 26 décembre 1666, fut religieuse bernadine en l'abbaye royale d'Épagne. »

Inventaire du 25 juin 1658, devant M° Louis Dacheux, notaire à Abbeville, des biens de la succession de noble homme Jean de Le Gorgue, à la requête de noble homme Jean de Le Gorgue le jeune, fils aîné, de Jacques de Le Gorgue, seigneur de Retonval, de Philippe de Le Gorgue, seigneur de Saint-Esloy... ses enfans.

Acte du 13 juillet 1667, annexé audit inventaire. Fut présent en personne Philippe de Le Gorgue, seigneur de Saint-Esloy, lieutenant au régiment de La Motte...

Extrait des archives du palais de justice de Boulogne.

Sentence rendue à Boulogne, le 28 avril 1667, entre Philippe de Le Gorgue, seigneur de Saint-Éloy, lieutenant d'une compagnie d'infanterie au régiment du seigneur de Saint-Geniez en garnison à Dunkerque, et dame Margueritte de Lengaigne, son épouse, d'une part, et Aimée Croquelois, veuve de Pierre de Monsigny, d'autre part.

Octobre 1679. Transport de rentes du mois d'octobre 1679 devant Louis Dacheux, notaire à Abbeville, par demoiselle Claire Poultrain, veuve d'Alexandre Bouteiller, et demoiselle Marie-Anne Bouteiller, sa fille, au profit de Philippe, Marie, Margueritte, Marie et Catherine de Le Gorgue, enfans de Philippe de Le Gorgue, écuyer, seigneur de Saint-Éloy, et de demoiselle Magueritte de Lengaigne, leurs père et mère.

Extrait des sentences sur procès par écrit de la sénéchaussée
du Boulonnois.

Entre Philippe de Le Gorgue, chevalier, seigneur de Saint-Esloye, capitaine commandant le second bataillon du régiment de Bourgogne, mari et bail de dame Margueritte de Lengaigne, fille et unique héritière de défunt Philippe de Lengaigne, et en cette qualité créancier de Pierre Dupré, fils de Marcq Dupré, opposant à l'exécution de la sentence d'ordre et distribution des deniers procédans de la vente des immeubles dudit Dupré, vendus et adjugés à la poursuite de François Leporcq, sieur de

la Cassaigne, contre sentence par nous rendue entre tous les créanciers et
opposans audit ordre du 2 août 1679, d'une part....,

Et François Leporcq, sieur de la Cassaigne, aussi créancier dudit
Dupré, deffendeur, vu par nous les productions et pièces justificatives
des créances des parties... Copie des réponses faites par ledit de La
Cassaigne aux causes et moyens d'opposition desdits seigneur et dame
de Saint-Esloye, un acte d'opposition duement signifié audit sieur de
La Cassaigne de la part desdits seigneur et dame de Saint-Esloye...,.

Nous, sans avoir égard à l'opposition formée par François Leporcq,
sieur de La Cassaigne, au préjudice de dame Margueritte de Lengaigne,
l'avons débouté, avons ordonné que ladite dame Margueritte de Lengaigne touchera les deniers avant ledit de La Cassaigne.

Fait et arrêté en la chambre du conseil par nous Michel Le Roy, lieutenant général en présence de Scotté, conseiller assesseur, Vaillant lieutenant particulier, J.-J. Le Camus, A. Le Camus conseillers, le six juin mil
six cent quatre-vingt. Signé : Le Roy de La Marancherie. Vaillant. Scotté
de Vélinghen. Le Camus de Lucquet. Le Camus. — M. le lieutenant général rapporteur. Espices douze livres.

Contract de bail à rente du 4 avril 1699 par lequel Adrien du Chesne,
curateur créé à la succession vacante de dame Marguerite de Lengaigne
vivante femme de Philippe de Le Gorgue, escuyer, sieur de Saint-Eloy,
vend une maison, bâtimens et plusieurs jardins tenant ensemble, conte-
nans vingt mesures ou environ, tenus tant en fief qu'en cotterie de messire Antoine de Poucque, écuier, demeurant en la haute ville de Boulogne, à la charge d'une rente surcensière de 100 livres. Lesdits immeubles
situés à Velinghen, paroisse de Quesque en Boulonnois.

Extraits des registres de l'église Saint-Gilles d'Abbeville.

Le 9 janvier 1669 naquit et fut baptisée le 11 Marie de Le Gorgue,
fille de Philippe de Le Gorgue, seigneur de Saint-Éloy, et de demoiselle
Margueritte Langienne. Parrain Mre Jean Le Mercier, avocat, seigneur
de Souverain. Marraine demoiselle Margueritte de Ray. Lesquels ont
signé. Lemercier, Margueritte de Ray.

Le 20 janvier 1670 naquit et le   fut baptisé Philippe de Le Gorgue,
fils de Philippe de Le Gorgue, sieur de Saint-Esloy, lieutenant d'une
compagnie au régiment de Normandie, et de demoiselle Margueritte
Lenguienne. Parrain Nicolas Le Febvre, sieur des Alumières ; marraine
demoiselle Anne Languienne. Signé Le Febvre, Anne de Lengaigne.

Le 3 juin 1671 naquit et le 4 fut baptisée Catherine de Le Gorgue,
fille de Philippe de Le Gorgue, seigneur de Saint-Esloy, et de demoiselle
Margueritte de Languienne ; marraine Catherine de Lengaigne.

Le 28 juillet 1672 fut baptisé Philippe de Le Gorgue, né le jour précédent, fils de Philippe de Le Gorgue, sieur de Saint-Esloy, et de demoiselle Margueritte Langaigne. Parrain Jean-Nicolas de Cacheleu, escuier,
seigneur de Vauchelles ; marraine demoiselle Anne Mourette,

Le 16 juillet 1676 naquit et fut baptisé Jean de Le Gorgue, fils de Philippe de Le Gorgue, escuier, seigneur de Saint-Esloy, capitaine d'une compagnie d'infanterie au régiment de Chamilly, et de demoiselle Margueritte Languienne. Parrain Jean d'Arnaud, seigneur de Simbonnet (Saint-Bonnet), marraine demoiselle Marie de Le Gorgue.

Le 20 décembre 1677 naquirent et furent baptisées Marie-Françoise et Marie-Thérèse de Le Gorgue, filles de noble homme Philippe de Le Gorgue, seigneur de Saint-Esloy et de demoiselle Margueritte de Languine. Les parrain et marraine de Marie-Françoise furent François-Louis de Le Gorgue et Marie-Catherine Douville. Les parrain et marraine de Marie-Thérèse furent Marc Merlin et Marie de Le Gorgue. Et ont signé.

Le 2 octobre 1680 naquit et fut baptisée une fille nommée Marie-Anne, à monsieur Philippe de Le Gorgue, seigneur de Saint-Esloy, et Margueritte Lengaigne. Parrain Robert Lengaigne, marraine demoiselle Marie-Anne Bouteiller. Signé Robert de Lengaigne, Marie-Anne Bouteiller.

Le 4 octobre 1680 mourut et fut enterrée le 5 dame Margueritte Languine, femme de Philippe de Le Gorgue, escuier, seigneur de Saint-Esloy, capitaine au régiment de Bourgogne. Présens ledit de Le Gorgue et Jacques de Le Gorgue, seigneur de Retonval qui ont signé. Signé de Le Gorgue de Retonval, Philippe de Le Gorgue-Saint-Esloy.

Extrait d'un cahier aux aveux du fief de Belleperche.

Le 20 janvier 1702 est comparue dame Marie de Le Gorgue, fille de Philippe de Le Gorgue, escuyer, seigneur de Saint-Esloy, femme de Charles de Bellevalle, escuyer, seigneur de La Neufville, non commune en biens avec ledit seigneur de La Neufville, laquelle étant autorisée à la poursuite de ses droits a déclaré tenir du fief de Belleperche trois journaux 1/2 au terroir de Bouillencourt, tenant à Nicolas Moutiers, Antoine de Saint-Germain, M. de Bouillencourt, M. Griffon, les héritiers M. Vincent, les héritiers Jean Caron, M. de La Garde et au chemin du Quesne.

Extrait du compte du receveur de M. et Mme de Rôny en Ponthieu.

« Payé à la dame abbesse d'Épagne d'Abbeville pour la pension de mademoiselle de Rôny, fille de M. de Rôny, 135 livres au mois de mai 1712, et à la dame de Saint-Éloy, religieuse audit couvent, sa parente, 6 livres.

V. — JACQUES DE LA GORGUE,

SEIGNEUR DES FIEFS DE LONGUET,
ÉCHEVIN D'ABBEVILLE EN 1586 ET 1592, ÉPOUX DE MARIE GRIFFON,
ET LEURS ENFANTS.

(Voir page 60 la fondation en l'église Saint-Gilles, du 17 mars 1576.)
(Voir page 35, 36, l'extrait du manuscrit de Waignart pour les enfants de
Jacques de La Gorgue et de demoiselle Marie Griffon.)

Extrait des généalogies de M. du G., à Abbeville.

« Jacques de Le Gorgue, fils de Jean et Henrie Aliamet, donne décret
au testament de sa mère en 1563, vivoit en 1576, 1586, et a testé le 9 octobre 1592, ainsi qu'il résulte du décret donné à cet acte en 1594; marié
avant 1563 à demoiselle Marie Griffon, fille de Jacques et de demoiselle
Margueritte de Saveuse. Elle vivoit veuve en 1594. Dont: 1º Jacques, né
paroisse Saint-Gilles le 17 août 1567, fut prêtre; 2º Josse, qui suit; 3º
Margueritte, vivoit en 1563 lorsque son ayeule lui fit un legs; Nicolas de
Saveuses, ancien curé de Saint-Paul, lui fit aussi un legs; elle vivoit veuve
en 1609, mariée le 28 novembre 1579 devant Doresmieux, notaire à Abbeville, à Jean Gambier, fils de Josse et de demoiselle Guillemette Mauvoisin;
4º Adrienne, religieuse à Saint-Ricquier; 5º Marie, mariée le 20 mars
1582 devant Nicolas Doresmieux, notaire, à André Belle, fils de André et
de demoiselle Antoinette Gallet; 6º Marie, mariée le 27 juillet 1600 devant Nicolas Becquin, notaire, à Jean de Brucamp, lieutenant de Pont-
Remy, frère de Simon; 7º Jeanne, née paroisse de Saint-Gilles le 9 novembre 1576, eut pour parrain et marraines Jacques Griffon, Jacqueline
Caton et Jeanne Fuzelier; 8º Isabeau, née paroisse Saint-Gilles le 10
juillet 1569, mariée le 26 mai 1590 devant Vulfranc Papin, notaire à
Abbeville, à Claude Bouteiller, lieutenant de Pont-Remy, veuf de dame
Marie Auger, fils de Claude et de demoiselle Marie Douville.

« Josse de Le Gorgue continue la postérité (comme il est rapporté
dans l'extrait généalogique)... Jacques son fils fut seigneur d'un fief au
Longuet... »

Jacques de Le Gorgue l'aîné, échevin d'Abbeville en 1586 et 1592.
(Géné. de M. du G.)

Extrait des registres aux délibérations de l'échevinage d'Abbeville,
aux archives de l'Hôtel-de-Ville

« Année 1588. Jacques de Le Gorgue, argentier du Val.»

Extrait des mêmes archives.

Déclaration des fiefs en 1645 pour le ban et arrière-ban. « Jacques de Le Gorgue, demeurant à Abbeville, propriétaire d'un fief à Longuet consistant en maison et terres. »

Extrait des registres de la paroisse Saint-Gilles d'Abbeville.

Le 17 août 1567, a été baptisé un fils à Jacques de Le Gorgue, nommé Jacques. Parrains Jacques Malicorne, Hugues Rohaut. Marraine damoiselle Doresmieux.

Le pénultième jour de juin 1569, a été baptisée une fille à Jacques de Le Gorgue, nommée Isabeau. Parrain Jean..., Marraines demoiselles Isabeau Beuzin et N. du Bosc.

Le 9 novembre 1576, a été baptisée une fille à Jacques de Le Gorgue, nommée Jeanne. Parrain Jacques Griffon; marraines Jacqueline Caton et Jeanne Fuselier.

Le 24 janvier 1569, a été baptisé un fils à Nicolas Mopin, nommé Nicolas. Parrain Jacques de Le Gorgue; marraine Clérette Chevalier.

Au mois d'octobre 1569, a été baptisée une fille à Adrien de Cayeu, nommée Jacqueline. Parrain Pierre Du Bosc; marraine Margueritte de Le Gorgue.

Le 19 avril 1571, a été baptisé un fils à Nicolas Roussel, nommé Jacques. Parrains Jacques de Le Gorgue et Jacques du Bosc.

Le 19 septembre 1572, a été baptisé un fils à Thibaut du Boscq, nommé Jean. Parrains Jean Normant, Jacques de Le Gorgue; marraine Isabeau Boussard.

IV. — JACQUES DE LA GORGUE,

ÉPOUX DE MARIE LE JEUNE, ET SES ENFANTS.

Extrait des mémoires de l'abbé Buteux.

« Jacques de Le Gorgue, mort en 1543, inhumé à Saint-Gilles, dans la chapelle Saint-Nicolas; épitaphe en cuivre; a fait certaines fondations avec demoiselle Marie Le Jeune, son épouse, dont Jacques, Nicolas.

« Dans la chapelle Saint-Nicolas de l'église paroissiale de Saint-Gilles, est une grande plaque en cuivre, écrite en lettres gothiques, où se lit ce qui suit :

« Fondation faite par Jacques de Le Gorgue, l'aîné, en l'église de Dieu

et de monseigneur saint Gilles, pour le salut de son âme et de feu demoiselle Marie Le Jeune, sa femme, et de ses bons amis, savoir : d'une
messe basse qui se doit dire et célébrer par chacun jour de l'an, à perpétuité, en icelle église, avec deux hauts obits solemnels, qui se diront les
vingt-deux jours du mois de juin et vingt-six octobre, à savoir : les
basses messes à... heure de onze heures..., moyennant la donation faite
par icelui de Le Gorgue à ladite église, à savoir : de neuf journaux de
terre séant au terroir de Frettemeule, tenus d'un fief appartenant aux
ayant cause de feu Mre Nicole de Poilly par neuf deniers de cens ; *item*
la somme de soixante-douze livres treize sols six deniers de franc cens et
rente à prendre sur plusieurs immeubles situés en la ville et banlieue
d'Abbeville, selon qu'il est contenu ès titres d'icelle fondation reconnue
par-devant notaires royaux, en Ponthieu, le 6 octobre 1543 et 2 novembre 1549, et au matrologe d'icelle église. » (Papiers de famille.)

Voyez, p. 58, l'état des fieffés d'Abbeville qui comparaissent pour le
ban et arrière-ban, en 1530 ou 1535, parmi lesquels se trouve Jacques
de Le Gorgue.

Extrait des registres aux délibérations de l'échevinage d'Abbeville,
aux archives de l'Hôtel-de-Ville.

« Le deux juin mil cincq cent trente quatre, délibération de l'échevinage pour donner des armes aux gens de guerre. Jacques de Le Gorgue
et Nicolas Rohaut sont nommés pour le quartier Saint-Gilles. »

Extrait des documents inédits sur la noblesse de Picardie imprimés
d'après les mémoires d'un ancien généalogiste.

Jean de Le Gorgue comparoît avec son frère Jacques, pour ses fiefs,
en 1550.
« 1543. Jacques de Le Gorgue est enterré dans l'église de Saint-Gilles,
à Abbeville, dans la chapelle Saint-Nicolas. »

Contract de mariage de Nicolas de Le Gorgue avec Antoinette Maillart,
devant Gallet et Honoré Le Blond, notaires en Ponthieu, le 25 septembre 1555, dans lequel comparoît Jacques de Le Gorgue l'aîné, demeurant à Abbeville, comme oncle dudit Nicolas.

Extrait des généalogies de M. du G., à Abbeville.

« Jacques de Le Gorgue, dit l'aîné sans doute par rapport à son fils et
aussi à son cousin du même nom de Jacques, vivoit en 1540. L'abbé
Buteux dit qu'il mourut en 1543 et fut inhumé dans la chapelle Saint-
Nicolas de l'église Saint-Gilles, avec une épitaphe en cuivre où sont rela-
tées plusieurs fondations des 26 octobre 1543 et 2 novembre 1549 ; mais
il peut avoir survécu de beaucoup à ses fondations, et l'on trouve qu'il
étoit encore vivant le 18 mars 1545, date d'une vente faite par Alicette
de Le Gorgue, sa fille, à Philippe Duchesne, tailleur d'images ; il étoit

certainement mort avant 1560. Marié : 1° à demoiselle Marie Le Jeune ;
je la crois fille de Jean Le Jeune, qui avoit des biens à Saint-Maxent, auxquels avoit succédé Jacques de Le Gorgue, en 1539 ; 2° à Guillemette
Bodin. Du premier lit vinrent : Jacques, qui suit ; Nicolas, prêtre, vivant
en 1562 et 1573 ; et Alix, dite Alicette, veuve dès le 18 mars 1546, de
Jean Roussel. »

Dans le contrat de mariage de Robert de Le Gorgue avec demoiselle
Gabrielle Lemaistre, passé par-devant Honoré Le Blond, notaire à Abbeville, le 18 octobre 1562, paroît, comme oncle dudit Robert, Mre Nicolas de Le Gorgue, prêtre.

V. — JACQUES DE LA GORGUE,

SEIGNEUR DU QUINT DE RUMETŻ,

MARI DE DEMOISELLE JEANNE LE CANU, DAME DUDIT QUINT.

Extrait des mémoires de l'abbé Buteux.

« Jacques de Le Gorgue, fils de Jacques et de demoiselle Marie Le
Jeune, fut marié avec demoiselle Jeanne de Canu, sœur cadette de
Madeleine de Canu, demoiselle des Rumetz, mariée à Christophe Blote-
fier (ladite Jeanne de Canu eut un cinquième du fief de Rumetz). —
Jacques de Le Gorgue avoit un fief noble à Arguel, tenu de M^r des
Rumetz, occupé par Jean Tourneur. »

On voit par le contrat de mariage de Robert de Le Gorgue, fils dudit
Jacques, dont il sera fait mention plus loin, que Jacques, époux de Jeanne
de Canu, possédoit aussi des terres à Rambures, à Éaucourt.

Extrait des généalogies de M. du G., à Abbeville.

« Jacques de Le Gorgue, fils de Jacques et de demoiselle Marie Le
Jeune, étoit mort avant 1562. Marié par contract devant maître Rolland
de Ponthieu, auditeur à Abbeville du . . . . 1534, à demoiselle
Jeanne Le Canu, fille de noble homme Robert, seigneur des Rymetz, et
de demoiselle Anne Férache. Elle eut un quint de ce fief des Rymetz, à
l'encontre des quatre autres quints appartenant à demoiselle Magdeleine Le Canu, sa sœur aînée, femme de Christophe de Blottefière. Elle
fut mère de 1° Robert de Le Gorgue, qui suit ; 2° Margueritte, vivoit en
1593, étoit morte en 1596 ; son testament fut décrété, par acte de 1598,
devant maître Quentin, notaire à Abbeville ; mariée par contrat du
24 janvier 1553, à Pierre de Ribeaucourt, fils de Ricquier et de demoiselle Marie Michaut. »

VI. — ROBERT DE LA GORGUE,

SEIGNEUR DU QUINT DE RUMETZ,
RECEVEUR DU DOMAINE DE PONTHIEU, ÉPOUX DE DEMOISELLE
GABRIELLE LE MAISTRE.

Extrait des généalogies de M. du G., à Abbeville.

« Noble homme Robert de Le Gorgue, fils de Jacques et de demoiselle Jeanne Le Canu, fut receveur du domaine de Ponthieu en 1570 et 1578, vivant en 1594, demeurant paroisse Saint-Gilles, comparoît en 1593. Il fut tuteur, en 1562, de Maximilien de Blottefière, son cousin germain; marié, par contract du 18 octobre 1562, devant maître Honoré Le Blond, notaire à Abbeville, à demoiselle Gabrielle Le Maistre, fille de feu François et de demoiselle Marie de La Fosse, dont les enfans péris, disent quelques anciennes généalogies. J'entends par cette expression que les enfans n'ont point eu de postérité, ou qu'elle se fondit par quelque fille dans des familles étrangères à cette ville et dont la mémoire se sera promptement perdue. Je n'aperçois aucun acte qui fasse mention de ses enfans, et je n'en connois aucun non plus par lequel leurs parens collatéraux soient parvenus à leur succession. »

... « Robertin de Le Gorgue fut échevin d'Abbeville en 1586. »

Extrait du contrat de mariage de Robert de Le Gorgue avec demoiselle Gabrielle Le Maistre, passé devant Honoré Le Blond, notaire à Abbeville, le 18 octobre 1562.

Comparans Robert de Le Gorgue fils, demeurant en ceste ville d'Abbeville, assisté de M. Nicolas de Le Gorgue, prêtre, et Jehan de Le Gorgue, ses oncles; noble homme Christophe Blotefière, sieur de La Haye, et Jehan Canu, sieur des Raimetz, aussi ses oncles, d'une part; et demoiselle Marie de La Fosse, veuve de feu François Le Maistre, demeurant à Abbeville, mère de Gabrielle Le Maistre, fille dudit feu et d'elle, assistée de maître Pierre de La Fosse, procureur au bailliage d'Amiens, oncle et tuteur de ladite Gabrielle; Pierre Le Maistre, son frère, Nicolas Godde, son beau-frère, noble homme Pierre de La Fresnoye, seigneur dudit lieu; maître Martin Hérichon, procureur de Jean Rouget, écuyer, lieutenant général de la prévôté du Vimeu, cousins...; le futur apporte en mariage, de la succession de défunts Jacques de Le Gorgue et demoiselle Jeanne Canu, ses père et mère, une maison et tènement à Abbeville, appelés la porte de Bricques; *item* 41 journaux au terroir de Rambures, tenus de l'abbaye de Séry et du sieur de Tilloloy; *item* 20 journaux au terroir de Raimetz, tenus dudit Canu, seigneur dudit lieu; *item* 2 journaux de prés séans à Éaucourt ; *item* des rentes.....; si ladite Gabrielle vient à décéder avant ledit Robert, il remportera ses accoutremens, armes... (Étude de maître Legris, notaire à Abbeville.)

Contrat de sommation fait devant Honoré Le Blond, notaire à Abbeville, du 15 mai 1564, par Robert de Le Gorgue, demeurant à Abbeville, tuteur et curateur de Maximilien de Blottefière, fils de feu noble homme Mʳᵉ Cristophe de Blottefière, sieur de La Haye, à Jean Canu, seigneur de Rumetz, étant en sa maison... relative à la tutelle dudit Robert. (Étude de maître Legris, notaire à Abbeville.)

Le 19 novembre 1563, devant maître Honoré Le Blond, notaire à Abbeville, est comparu Jean Canu, seigneur des Raymès, demeurant à Abbeville, disant que par les parens et amis de Maximilien de Blottefière, fils mineur de feu noble homme Christophe Blottefière, seigneur de La Haye, Robert de Le Gorgue avoit été nommé tuteur, du côté maternel, audit Maximilien, laquelle charge ledit Canu avoit auparavant volontairement prise comme oncle et plus proche parent dudit mineur du côté maternel ; sous la promesse faite par ledit Canu de décharger ledit de Le Gorgue de tous dommages qu'il pourroit avoir pour raison de ladite tutelle ; ledit Canu, par ces présentes, décharge ledit Robert desdits dommages...Jean de Blottefière, écuyer, seigneur d'Yonval, avoit été nommé tuteur du côté paternel.

19 novembre 1563, devant Honoré Leblond, notaire à Abbeville, bail par Robert de Le Gorgue, demeurant en la ville d'Abbeville, à Antoine Mallet, laboureur, demeurant à Fresneville, de 20 journaux de terre situés au terroir d'Arguel, accostant à Thibaut Mourette, Catherine de Monchy et autres.

29 octobre 1578, devant Ézéchias Boujonnier, notaire à Abbeville, bail par Robert de Le Gorgue, demeurant à Abbeville, à N. Le Dien, laboureur à Rambures, de 23 journaux de terres labourables en 4 pièces, au terroir dudit Rambures.

Extrait des minutes de Claude Recquin, notaire à Abbeville.

« Le 6 août 1578, Ancel Bellanger, demeurant à Abbeville, s'est approché de Robert de Le Gorgue, nagaires receveur du domaine de Ponthieu, et lui a dit que pour faire cesser toute occasion de procès... »

IV. — NICOLAS DE LA GORGUE

ÉPOUX DE MARGUERITTE GRIFFON
DAME DE QUELQUES FIEFS, ET LEURS ENFANTS
JACQUES, NICOLAS, MARGUERITTE ET MARIE.

Extrait des généalogies de M. Du Groriez à Abbeville.

Nicolas de Le Gorgue, fils de Jacques et de demoiselle Marie Le Moictier, étoit mort avant 1535, marié à demoiselle Margueritte Griffon, fille de Jean et de demoiselle Marie Vignon. Elle se remaria à Jacques Bellanger, et vivoit veuve en 1552, 1556, 1578, 1579; dont 1° Jacques qui suit; 2° Margueritte, vivoit veuve dès 1576, et paroisse Saint-Georges le 9 mai 1588 et en 1593; mariée peu avant 1552, à Antoine de Canteleu, fils de Nicolas et de demoiselle de Lestocq; il a testé le 30 août 1569, devant notaires, en Ponthieu, dont suite; 3° Marie, vivoit veuve en 1589, mariée par contract du 7 juin 1552, devant Me Honoré Le Blond, à Hugues Rohaut, sieur de Condé, fils aîné de Jean, et de demoiselle Marie Danzel, dont postérité.

Jacques de Le Gorgue, dit Le Jeune en 1552, avoit reçu saisine d'une maison à Abbeville, le 2 mars 1535. Il étoit l'aîné dès 1576; il a testé le 31 octobre 1576, devant Jean Le Prevost et Jean Delcourt, notaires, marié à demoiselle Antoinette de Canteleu, fille de noble homme Jean et de demoiselle Jeanne de Caux. Elle vivoit veuve le 4 juin 1577. Dont Geneviève, qui suit.

Geneviève de Le Gorgue est dite fille unique de ses père et mère, dans un acte du 16 mai 1579, devant Me Jean Delcourt. Elle avoit fait à Saint-Gilles une fondation en exécution du testament de son père, par acte du 24 juin 1577, devant Me Le Febvre; mariée 1° par contract du 10 avril 1578, devant Ézéchias Boujonnier et Jean Le Devin, à Antoine Boullon, sieur de Grambus, fils de Jean et de demoiselle Margueritte Briet; 2° par contract du 17 janvier 1601, devant Me Becquin, notaire, à Me Guy Lempereur, avocat en parlement, lieutenant de l'élection de Ponthieu, veuf de demoiselle Ballin, dont postérité du premier mariage.

« Jacques de Le Gorgue a été échevin d'Abbeville en 1564, 1565, 1566, 1568. »

Voyez pour les armes de Nicolas de Le Gorgue, époux de Marie Griffon, et de ses descendants, l'extrait du manuscrit de Waignart, page 36.

Extrait pris dans le Trésor des titres de l'église Saint-Gilles,
le 22 octobre 1769.

« 2 mars 1535. Saisine à Jacotin de Le Gorgue, fils de feu Nicolas et
de demoiselle Margueritte Griffon, sa veuve, d'une maison à Abbeville,
donnée audit feu Nicolas, par Jacques de Le Gorgue, son père. »

« Du contract passé devant Le Febvre, notaire à Abbeville, le 24 juin
1577, appert que Geneviéve de Le Gorgue, jeune fille à marier, unique
héritière de feu Jacques de Le Gorgue, assistée de demoiselle Antoinette
de Canteleu, sa mère, veuve dudit feu Jacques de Le Gorgue, a donné à
l'église Saint-Gilles quinze livres de rente, pour la fondation de douze
hauts obits en exécution du testament dudit feu son père, reconnu par-
devant notaires royaux en Ponthieu, le pénultième d'octobre dernier.
Ledit défunt Jacques de Le Gorgue est enterré en la chapelle Saint-
Nicolas, de l'église Saint-Gilles d'Abbeville. »

« Ladite mineure de Le Gorgue, est accompagnée de Hugues Rohaut,
seigneur de Condé, son oncle et curateur. »

5 février 1558, devant Honoré Le Blond, notaire à Abbeville, contract
de mariage de Jehan Griffon, fils de Jacques et de demoiselle Margueritte
de Saveuses, avec demoiselle Marie Boullou, dans lequel comparoît
demoiselle Margueritte Griffon, veuve de feu Nicolas de Le Gorgue.

Contract du 28 novembre 1558, devant Honoré Le Blond, notaire à
Abbeville, par lequel nobles personnes François Mourette, avocat du roi
au siége présidial de Ponthieu, Jean Lamiré, élu en Ponthieu, Jean de
Caulx, grenetier à sel, honorables hommes Jean Manessier l'aîné, Jean
de Dompierre l'aîné, Jean Belle, Daniel Briet, Robert Le Carbonnier,
Jean de Moncheaulx, Nicolas Beauvarlet, sieur d'Ailly, demoiselle Margueritte Papin, veuve de Josse Beauvarlet, sire Jean Lavernot, Jean de
Canteleu, Jacques Griffon, Jacques de Bussy, Nicolas du Bos et Nicolas
de Le Gorgue, tous habitants d'Abbeville, confessent avoir reçu de
M. François de Raconnie, trésorier de l'extraordinaire des guerres, la
somme de 1527 livres, pour remboursement de pareille somme qu'ils
avoient prêtée à monseigneur le duc de Guise, pour les affaires du roi,
pendant le siége de Calais.

Extrait du contract de mariage de Hugues Rohaut avec Marie de
Le Gorgue, du 7 juin 1552, devant Honoré Le Blond et Jean
Poirion, notaires à Abbeville.

Comparans Jehan Rohault, demeurant à Abbeville, seigneur de
Condé, assisté de Mᵉ Jacques Ancquier, licencié-ès-lois, avocat et con-
seiller en la sénéchaussée de Ponthieu, Jean Danzel et Antoine Rohaut,
échevins d'Abbeville, y demeurant, d'une part ; demoiselle Margueritte
Griffon, veuve de défunt Nicolas de Le Gorgue, assistée de Jacques de
Le Gorgue, le jeune, son fils aîné et héritier apparent, de Jacques de

Le Gorgue l'aîné, de Jehan de Le Gorgue, Jacques Griffon et Robert Griffon, tous demeurans à Abbeville, d'autre part; ont convenu que pour le mariage pourparlé entre Hugues Rohaut, fils aîné et héritier apparent dudit Jean Rohaut, et de Marie de Le Gorgue, fille dudit feu Nicolas de Le Gorgue, a été déclaré par ledit Jean Rohaut, qu'il donne à son fils une maison et jardin à Abbeville, tenant à ladite demoiselle Margueritte Griffon, pour en jouir après ledit Jean Robaut, et de demoiselle Marie Danzel; le fief, terre et seigneurie de Condé, tenu de la seigneurie d'Avesnes, et autres biens. Et de la part de ladite demoiselle Griffon, elle donne à ladite demoiselle Marie de Le Gorgue, sa fille, la somme de mil livres, y compris 400 livres léguées par ledit feu Nicolas de Le Gorgue, son père, et 400 livres données à ladite Marie, traitant le mariage de ladite Griffon avec Jacques Bellenger...

Extrait du contract de mariage de Nicolas de Le Gorgue avec Antoinette Maillart, du 25 septembre 1555, devant Gallet et Honoré Le Blond, notaires en Ponthieu.

Comparans demoiselle Margueritte Griffon, veuve en premières noces de défunt Nicolas de Le Gorgue, demeurant à Abbeville, et Jacques de Le Gorgue, le jeune, fils et héritier dudit feu et de ladite Margueritte, assisté de Jacques Griffon, Jacques de Le Gorgue l'aîné, et Jehan de Le Gorgue, demeurans à Abbeville, d'une part; Jean du Fay et demoiselle Margueritte Le Febvre, sa femme, Philippe de Meldeman, greffier des insinuations du bailliage d'Abbeville, et demoiselle Margueritte du Fay, sa femme, auparavant veuve de feu Henry Maillart, assistés de Jacques Le Febvre de Nyvelles, grenetier de Saint-Quentin, d'autre part; ont reconnu que pour parvenir au traité de mariage entre Nicolas de Le Gorgue, fils puîné de feu Nicolas de Le Gorgue, et de ladite Margueritte Griffon, et de Antoinette Maillart, fille dudit feu Henry Maillart et de ladite Margueritte du Fay, ont fait les déclarations qui ensuivent; ladite Margueritte Griffon et ledit Jacques de Le Gorgue ont déclaré appartenir audit Nicolas, du légat à lui fait par ledit feu Nicolas, son père, 19 journaux et demi de terres, en trois pièces, sises au terroir de Saint-Maxent, bailliage d'Amiens, prévôté d'Oisemont, tenus de Jehan de Le Gorgue, à cause de son fief, qu'il a à Saint-Maxent; *Item* une maison et terres séant à Longuet, sénéchaussée de Ponthieu, bailliage d'Abbeville, tenus dudit Jehan de Le Gorgue... si a donné ladite Margueritte Griffon en faveur dudit mariage, du consentement dudit Jacques, son fils aîné et héritier apparent, audit Nicolas de Le Gorgue, en avancement d'hoirie et de succession, une maison, pourpris, jardin et ténement, séant à Abbeville, tenue du chapitre de Saint-Vulfranc et de l'abbaye du Gard; outre, ladite Margueritte a donné audit Nicolas la somme de mille livres, en ce compris, 200 liv. t. du légat de défunt Nicolas de Le Gorgue, son père... et... de la part desdits du Fay, de Meldeman et leurs femmes, ont baillé à ladite Antoinette Maillart la somme de cinq cens livres, et appartient à ladite

Antoinette, du légat de défunt Henry Maillart, son père, trois gobelets d'argent; davantage icelle du Fay donne à ladite Antoinette onze journaux séans au terroir de Saint-Maulvis, bailliage d'Amiens, prévôté de Vimeu, tenant aux hoirs de M° Jean de Le Trenchie, à Jean Descampt, à Florimond de Biencourt, chevalier, seigneur de Poitrincourt, tenus de la seigneurie de Bailleul...

En cas de prédécès dudit Nicolas de Le Gorgue, ladite Antoinette remportera ses habillements, chaînes, bagues et joyaux, lit, chambre, étoffée, 200 livres de douaire, la jouissance de la maison d'Abbeville; en cas de prédécès de ladite Antoinette, ledit Nicolas remportera ses habillements, chevaux et armes; et ont dénommé leur procureur, Jehan Le Devin.

Fait audit Abbeville, le vingt-cinquième de septembre, l'an mil cinq cent cinquante-cinq, par-devant Gallet et Le Blond, notaires royaux en Ponthieu. Signé Gallet, Le Blond.

Par contract du 18 juillet 1558, devant Honoré Le Blond, notaire à Abbeville, Philippe de Meldeman et demoiselle Margueritte du Fay, sa femme, avant femme de feu Henry Maillart, pour se décharger envers Nicolas de Le Gorgue, demeurant à Abbeville, et demoiselle Antoinette Maillart, sa femme, de la somme de 200 livres qui leur est due, leur constituent une rente de 16 liv. t., 13 s., 4 d.

Acte passé à Boulogne-sur-Mer, relatif à une maison de cette ville, le 17 juillet 1575, devant Roger Langlois, notaire à Boulogne, dans lequel comparoît Nicolas de Le Gorgue, demeurant à Abbeville, en qualité de beau-frère de Pierre de Meldeman, écuyer, seigneur de Roussebonne, fils de feu Barthélemi de Meldeman, et de demoiselle Margueritte du Fay. Signé N. de Le Gorgue.

Extrait de l'histoire des mayeurs d'Abbeville.

P. 663. Année 1549. Mayeur Jean de Lavernot, seigneur de Feuquières, échevins Nicolas Parmentier, Nicolas Le Blond, Nicolas de Le Gorgue, Nicolas OEuillot, Nicolas de Campagne, Nicolas de Dompierre, Jean Manessier, François Mourette.

Extrait des registres de l'échevinage d'Abbeville,
aux archives de la mairie.

Le vingt-deuxième jour de juin 1566, présent noble homme Antoine de Saint-Soupplis, seigneur de Watebiérie, mayeur; présens, MM. de Buissy et de Le Gorgue; a été tiré de cette argenterie les chartes qui ensuivent et mises ès-mains de M° Jean Lagache, procureur de la ville.

Une charte de Richard Pennevesse, garde de la terre de Ponthieu, de l'an 1280.

Une charte de Jean de Lannoy, garde de la terre de Ponthieu, de l'an 1311.

Extrait des registres de la paroisse Sainte-Catherine d'Abbeville.

Le 19 septembre 1594, est née Catherine, fille de honorable homme
Jacques de Huppy et de demoiselle Geneviève Le Moictier. Parrains, honorables hommes Charles Manessier, Antoine du Caurroy; marraines,
demoiselle Marie Manessier, veuve de Jacques de Buissy, qui a donné le
nom, et demoiselle Antoinette de Canteleu, veuve de feu Jacques de Le
Gorgue, et Antoinette de Huppy, fille de François de Huppy.

Contract de mariage du 10 avril 1578, devant Ézéchias Boujonnier,
notaire à Abbeville, de Antoine Boullon, fils de Jean, à son tour mayeur
d'Abbeville, accompagné de noble homme Antoine de Saint-Soupplis,
seigneur de Wateblérie, son curateur, demoiselle Marie Boullon, veuve
de Jean Griffon, demeurant à Abbeville, sa sœur, noble homme Mᵉ Charles Lamiré, seigneur de Nouvion, conseiller en la sénéchaussée de
Ponthieu, cousin, Oudard le Quien, seigneur de Soulas, son neveu, et
honorable homme Gabriel Briet, demeurant à Abbeville, d'une part;
avec demoiselle Geneviefve de Le Gorgue, fille et héritière de défunt honorable homme Jacques de Le Gorgue, à son trespas, demeurant à Abbeville, et de encore vivante demoiselle Antoinette de Canteleu, assistée de
honorable homme Hugues Rohaut, seigneur de Condé, oncle à cause
de sa femme, et tuteur d'icelle Geneviefve; demoiselle Margueritte Griffon, sa mère grand du côté paternel; demoiselle Jeanne de Caulx, veuve
de honorable homme Jean de Canteleu, à son tour mayeur de ladite ville,
et de demoiselle Marie de Canteleu, veuve de honorable homme Gabriel
Briet l'aîné, ses tantes, tous demeurans à Abbeville, sauf ledit Le
Quien, demeurant à Gamaches. Ledit Boulon apporte en mariage deux
maisons et une grange à Abbeville, une maison et 20 journaux de près
aux Planches, une maison et tènement avec 64 journaux de terres labourables à Saint-Maxens; 50 journaux de terres labourables à Vergies;
24 journaux à Cambron, 18 journaux à Boubers, 25 journaux au terroir
d'Acheux, 10 journaux à Dondelainville, 11 journaux à Vercourt, 2 et
demi journaux à Saint-Maxens, une maison et tènement avec 63 journaux à Donqueurre, 4 journaux à Cramont, un noble fief au terroir de
Marcheville, tenu de la seigneurie de Ray ; 32 écus de rente.

De la part de ladite demoiselle Antoinette de Canteleu, a été par elle
déclaré qu'à ladite Geneviefve, sa fille, comme héritière universelle de
feu Jacques de Le Gorgue, son père, compète et appartient une grande
maison avec deux petites maisons y appendantes, à Abbeville, en laquelle
icelle de Canteleu est demeurant, pour en jouir après sa mère et sa
grand'mère; la moitié de 22 écus de rente sur divers particuliers; la
moitié de 30 journaux de terres labourables à Herselaines et Haudrechies; la moitié de 10 journaux de terres labourables à Martaigneville et
à... 4 journaux de terres labourables à Morival, et 6 journaux à Frières;
la somme de 2,000 écus à 60 sols pièce, moitié des deniers trouvés après
le trépas dudit feu son père...

Fait à Abbeville, le jeudi 10 avril 1578. Signé A. Boulon, H. Rohault, Marie Boulon, Antoinette de Canteleu, Geneviefve de Le Gorgue, Boujonnier.

Extrait du manuscrit de Waignart.

Les huit quartiers de sire François Boulon, mayeur d'Abbeville, en 1617.

Paternels, Boulon, *d'azur à la fasce d'argent, accompagnée de 3 besans d'argent ;* de Calonne, *d'argent au lion léopardé de gueules ;* Briet, *de gueules à la croix d'argent plaine, chargée de 5 hermines de sable ;* de Maison, *de sable à la croix ancrée d'argent.*

Maternels, de Le Gorgue, *d'or à 3 merlettes de sable 2 et 1 ;* Griffon, *de gueules au griffon d'or ;* de Canteleu, *d'azur au chevron d'or à 3 palmes 2 et 1 ;* de Lestocq, *d'azur à l'arbre d'or à 3 branches, tenant chacun un oiseau d'or dessus.* (Vol. 3.)

Acte du 6 juillet 1582, devant Becquin et Delecourt, notaires à Abbeville, par lequel Jean de Bailleul, vivant de son bien au faubourg d'Abbeville, paroisse Saint-Gilles, accompagné de Hugues Rohaut, seigneur de Condé, et de Nicolas Sanson, fils d'autre Jean de Bailleul, donne à demoiselle Margueritte de Le Gorgue, sa femme, une maison et 5 à 6 journaux de prés hors la porte Saint-Gilles pour lui servir de douaire en place d'une maison à Abbeville, qu'il vend à Jean d'Amonneville, marchand à Abbeville.

ROBERT DE LA GORGUE,

ÉCUYER, HOMME D'ARMES,

ÉPOUX DE MADELEINE DE LA PERSONNE,

ET LEUR POSTÉRITÉ.

Extrait des mémoires de D. Le Pez, religieux de Saint-Vaast d'Arras, écrits dans le dix-septième siècle, existant à la Bibliothèque publique d'Arras. — Volume intitulé : Histoire politique d'Artois.

« Extraits des mémoires qui se gardent chez les héritiers de M. le conseiller Carlier, seigneur de Crèques. »

« Généalogie de La Vacquerie... Charles de la Vacquerie, escuier, mayeur de Saint-Pol, épousa Claire de Le Gorgue... »

« Généalogie et descente de Charles de La Vacquerie, fils de défunt Charles de La Vacquerie, à son trespas escuier, lieutenant de la comté de

Saint-Pol, et de demoiselle Claire de Le Gorgue... » (Ici est la généalogie
des La Vacquerie.)

« Lequel Charles, fils aîné de Hues, en son temps aussi lieutenant du
comté de Saint-Pol, et par avant ayant demeuré par long espace de temps
avec les seigneurs de Frestoye et d'Ouvignies, enfans dudit feu messire
Charles (de la Viefville), en qualité de gentilhomme, comme leur parent
et s'entremectant de leurs affaires, auroit été allié par mariage à demoiselle Claire de Le Gorge, fille de Jean de Gorge, en son temps mayeur
de la ville de Saint-Pol, de laquelle conjonction seroit procédé ledit
Charles et Martine de La Vacquerie, à présent vivans ; s'estant ledit
Charles allié à damoiselle Waldeburge de Wignacourt, fille de feu Robert de Wignacourt et de damoiselle Suzanne Bauduin, tous deux de
noble génération... »

P. 188, 189, 190. Généalogie de feue damoiselle Claire de Le Gorgue, vefve en secondes noces de Charles de la Vacquerie, à son trespas
escuier, lieutenant du comté de Saint-Pol.

Robert de Le Gorgue, vivant de ses moyens après avoir été homme
d'armes, espousa damoiselle Magdelaine de La Personne, dit Le Petit,
fille de Regnault, escuier, seigneur de Conteville et Moreaucourt, et de
damoiselle Alardine Brousset, sœur du sieur de Beaurepaire ; ladite damoiselle a eu plusieurs frères et sœurs, assavoir : Henry de La Personne,
dit le Petit Escuier, seigneur de Moreaucourt, duquel seroit descendu
Nicolas de La Personne, seigneur de Moreaucourt, gentilhomme du feu
roi Louis XII, allié à demoiselle N. de Cunchy, fille du feu sieur de
Libessart, lequel Nicolas seroit mort sans enfans.

Alard de La Personne, dit le Petit Escuier, seigneur de Conteville,
allié à damoiselle N. Lescouvé, fille de Jean Lescouvé et de damoiselle
Jeanne Levasseur, dit Lemire, fille du seigneur de Bonnay et de Cappendu, dont sont issus les vicomtes de Boursonne, demeurans en France,
ayant vendu les terres de Bonay et Cappendu, et ont pris le surnom
de Provens (Boursonne) et Cappendu, délaissant cestuy de Vasseur.

Damoiselle N. Le Petit, dit La Personne, fille dudit Regnault et de
ladite Brousset, sœur desdits Henry et Alard, alliée à Antoine de la
Diennée, escuier.

Desdits Robert de Le Gorgue et damoiselle Magdelaine Le Petit, sont
issus Jean de Le Gorgue, conseiller en cour laye, et à son tour mayeur
de la ville de Saint-Pol, lequel auroit été allié à damoiselle Antoinette
Lescové, fille dudit Jean et de damoiselle Jeanne Vasseur et sœur à la
femme dudit Alard Le Petit, seigneur de Conteville, ayant par ce moyen,
l'oncle et le neveu, épousé les deux sœurs.

Ledit Jean de Le Gorgue et sa femme ont eu de leur conjonction deux
filles, l'une Marie, alliée à Jean Oguier, aussi en son vivant conseiller
en cour laie audit Saint-Pol, et d'eux seroient descendus maître Jacques
Oguier, licencié ès lois, advocat au conseil d'Artois, mort sans enfans ;
Marie Oguier, mariée à maître Pierre Blas (De Blas), licencié ès lois, advocat au conseil d'Artois ; damoiselle Charlotte Oguier, liée par mariage

Antoine de Nœue, en son trespas argentier de la ville d'Arras ; dame Nicolle Oguier, religieuse au couvent de la Thieulloy, ès Faubourgs d'Arras.

La seconde fille desdits Jean de Le Gorgue et sa femme auroit eu nom Claire, alliée en premières noces à Guillaume du Flos, et en secondes noces auroit espousé Charles de La Vacquerie. escuier, lieutenant de la comté de Saint-Pol, fils de feu Hugues et de damoiselle Philippe Le Thillier ; dudit second mariage sont issus Charles de La Vacquerie, escuier, lieutenant général de la châtellenie d'Oisy et Martine de la Vacquerie, morte à marier ; ayant ledit Charles été allié à damoiselle Walburge de Wignacourt, fille de Mre Robert de Wignacourt, escuier, et de damoiselle Suzanne Bauduin, lesquels Charles et damoiselle Walburge auroient, de leur conjonction, procréé trois filles dont l'aînée, nommée damoiselle Jeanne de La Vacquerie, espousa maître Antoine de Crépieul, licencié ès lois, advocat au conseil d'Artois, seigneur de Bécour, qui ont laissé deux enfans...

Ledit Robert de Le Gorgue et damoiselle Magdelaine de La Personne, dit Le Petit, ont par-dessus Jean de Le Gorgue, leur fils aîné, encore produit plusieurs filles dont les deux ont été alliées à deux frères du surnom Quiéret, gentilhommes, et de l'un seroit issu Jean Quiéret, prêtre.

Seroit aussi, d'une autre sœur, provenu Louis Le Quien, homme d'armes, qui auroit esté tué, l'an 1582, à Conchy, par l'ennemy françois ayant alors brûlé la ville de Saint-Pol.

De l'une desdites sœurs, alliée à un nommé de Le Porte, seroit issue Marie de Le Porte, alliée à Pierre de Croix, demeurant à Saint-Pol, qui auroient, de leur conjonction, procréé frère Pierre de Croix, docteur en théologie, religieux de l'ordre des Jacobins, à Saint-Omer.

Il y a encore desdits du surnom de Quiéret, au comté de Saint-Pol, venant des dessus nommés Quiéret, alliés auxdites de Le Gorgue.

Remontant à ceux de La Personne, — desdits Alard de La Personne, escuier, et Antoinette Lescouvé, furent issus Nicolas de La Personne, escuier, dit Le Petit, seigneur de Conteville, etc...

Copie d'un extrait de contract de mariage, en parchemin.

« A tous ceux qui ces présentes lettres verront, Thomas Lemaire, à présent garde du scel ordinaire établi à Arras, comté de Saint-Pol, comparurent en leurs personnes damoiselle Philippe Le Thillier, veuve de feu Huc de La Vacquerie, au jour de son trespas escuier, demeurant à Piermont, et Charles de La Vacquerie, aussi escuier, fils aîné et principal héritier desdits feu et damoiselle, d'une part ; et Jehan de Le Gorgue et damoiselle Claire de Le Gorgue, sa fille, veuve de feu Guillaume du Flos, demourant à Saint-Pol ; recongnurent et chacun d'eux en son regard pour aultant qu'il leur touche, que pour parvenir au traicté de mariage... dudit Charles et ladite Claire...

« Fait et passé à Saint-Pol, le vingt-quatrième de janvier mil cinq cens quarante et ung. »

Copie d'un extrait de testament.

« In nomine Domini, amen. Comparut en sa personne, demoiselle Claire
de Le Gorgue, dernièrement veuve de feu Charles de La Vacquerie,
escuier au jour de son trespas, lieutenant de la comté de Saint-Pol, a
reconnu que comme il ne soit rien de plus certain que la mort... remet-
tant le surplus des dons et légats pieux et salutaires à la discrétion de
Charles de La Vacquerie, son fils.

« Quant aux biens temporels, qu'il a plu à Dieu lui donner en ce monde,
elle veut qu'ils soient répartis et distribués comme s'ensuit : en premier
lieu, pour ce que traitant du mariage de Ferry du Flos, son fils aîné,
qu'elle eut de Guillaume du Flos, son premier mari... à Charles de La
Vacquerie, son fils, ladite demoiselle a donné et donne l'autre moitié
desdites terres de Rebrouves... elle choisit et eslit pour exécuteurs
de sondit testament ledit Charles, son fils, et Mre Wallerant Obert,
écuier, seigneur de Godiempré, conseiller au conseil d'Artois, son neveu,
lequel en sa présence a signé son dit testament avec les notaires, parce
qu'elle a déclaré qu'elle ne pouvoit signer à cause de son ancien âge. Fait
à Arras, le XXIIIIe jour de décembre quinze cens quatre-vingt seize.

« Sont comparus en leurs personnes, Charles de La Vacquerie, demourant à Saint-Pol, François de La Vacquerie, demourant à Séricourt
les Frévent, Andrieu du Haulpas et Marie de Le Vacquerie, sa femme,
demourans audit Saint-Pol, Guillaume Obert et Charlotte de Le Vacquerie, sa femme, demourans à Beaurains, iceux de Le Vacquerie, enfans
et héritiers de défunte damoiselle Philippotte Le Thillier, en son trespas
veuve de feu Hues de Le Vacquerie, demourant à Saint-Pol... faittes et
recongnues à Saint-Pol, le 3 août 1548, devant notaires impériaulx.
Signé J. Cambier, F. La Diennée. »

*Description d'une pierre tombale qui se trouve aujourd'hui au cou-
vent des Ursulines d'Arras, provenant de l'ancien couvent des
Carmes de cette ville.*

Cette pierre est de forme quarrée et porte aux 4 coins 4 écussons et au
milieu se trouve l'inscription qui sera rapportée plus loin.

Les quatre écussons sont : 1° celui des La Vacquerie, *échiqueté d'argent et d'azur au canton d'argent, chargé de 3 fleurs de lys de
gueules au pied nourri;* 2° celui des Wignacourt, *d'argent à 3 fleurs
de lys de gueules au pied nourri, au canton chargé d'un croissant;*
3° celui des Le Gorgue, *écartelé au 1 et 4 d'argent à une coquille de
sable, au 2 et 3 d'argent à une merlette de sable ;* 4° celui des Balduin
ou Bauduin, *d'azur au chevron d'argent, chargé de 2 lions affrontés
de gueules et accompagné de 3 trèfles d'or.*

Quoique dans l'article suivant on dise que les armoiries des Le Gorgue
sont usées et difficiles à blasonner, elles sont néanmoins fort distinctes,
et, sauf quelques rayures, faciles à reconnaître.

Extrait de la 1re livraison du tome II du Bulletin de la commission départementale (Pas-de-Calais), imprimé à Arras chez Auguste Tierny en 1862, p. 53 et suivantes.

Rapport sur les pierres tombales trouvées en 1860 dans l'ancien couvent des Carmes, maintenant occupé par les dames Ursulines, par MM. le comte d'Héricourt et Alexandre Godin.

« Ces pierres tombales furent trouvées dans la rue Saint-Jean, en Rouville... Un grand nombre de familles nobles de l'Artois s'étaient fait enterrer dans la chapelle des Carmes... La pierre tombale la plus remarquable est celle qui mentionne une fondation faite par Charles de La Vacquerie et sa femme, Walburge de Wignacourt; elle porte l'inscription suivante :

« Cy devant gisent les corps de Charles de La Vacquerie, escuyer, lieutenant général de la chastellenie d'Oisy, et de damoiselle Walburge de Wignacourt, sa compagne, qui ont fondé en ce couvent 4 obits et une messe solemnelle par an à perpétuité. Lesdits obits aux jours de Saint-Martin, Pasques, Quasimodo, 16 juin et 20 septembre, et ladite messe au jour de Saint-Charles, 28e janvier, estant ledict de la Vacquerie décédé le 16e de juing 1617, et ladite damoiselle le 19 septembre 1612. Priez Dieu pour leurs âmes. »

A chaque angle se trouvent les armoiries des La Vacquerie, des Wignacourt, des Balduin et sans doute des Le Gorgue... Notice sur les familles de La Vacquerie et de Wignacourt...

Les autres armoiries sont celles des Balduin et des Legorgue, mères des époux; l'écusson **des Legorgue est** très-usé et difficile à blasonner...

Extrait des coutumes locales du bailliage d'Amiens par M. Bouthors.

T. II, p. 141. Monchaux (comté de Saint-Pol), seigneurie. Coustumes de la terre et seigneurie de Monchaux, appartenant à Jean d'Amiens, escuier, seigneur dudit lieu... le 24 septembre 1507... Signé J. de Le Gorgue, bailly dudit Monchaux.

P. 140. Moncheaux lès Béalcourt, seigneurie. Coutumes de la terre et seigneurie de Monceaux lès Béalcourt, appartenant à noble homme Jehan de Monceaux, seigneur de Houdeng ou Bray et Martincourt... le 22 septembre 1507. Signé N. de Saisseval, seigneur vicomtier de Saisseval, bailly de Monchaux.

P. 240. Siracourt, fief. Coutumes dudit fief appartenant à Guillaume de Pernes, escuier, seigneur dudit lieu... Signé Adrien de Wignacourt, escuier, bailli de Siracourt.

P. 233. Monchy-Cayeu, châtellenie. Coutumes de la châtellenie de Monchy-Cayeu, appartenant à noble et puissant seigneur, Mgr Loys

Bournel, chevalier, seigneur de Thiembronne de Beauchien... rédigées
par nous Enguerrent de Bristel, seigneur de Wautiering, bailly de la
châtellenie... au château de Monchy, le 15 septembre 1507. Signé de
Bristel, bailly de Monchy; de Bermicourt, receveur dudit lieu; de Surques, desservant le fief Charlotte de Surques; de Calonne, bailly de monseigneur de Saveuses; Jehan Levasseur, homme de fief; de Le Guorgue,
desservant le fief de Mariette Lanbin; de Frommantel, de Maubus, Jacques de Houvin, Jean de Le Verdure, homme de fief...

Les originaux de ces coutumes sont au greffe de la cour d'Amiens, où
on les a vus et vérifiés.

Mémoires de D. Le Pez. — Extrait d'un original en parchemin qui se
garde dans les archives parmi les titres d'Asset, apparemment à cause
qu'il y est fait mention de Siracourt, car il ne regarde autrement la maison d'Asset.

« A tous ceux qui ces présentes lettres verront Jehan de Le Gorgue,
demeurant à Saint-Pol, bailly de la terre et seigneurie de Siracourt, pour
noble homme Jean de Bailleul, seigneur de Baillon, tuteur et curateur
commis par justice de demoiselle Jacqueline de Bailleul, demoiselle dudit
Siracourt, fille mineure d'ans de noble seigneur Frédéric de Bailleul, en
son vivant seigneur dudit Siracourt, salut... fait, passé et recongnu le 19
jour d'octobre mil cinq cens et vingt-quatre. »

Extrait de l'Histoire de la milice française du Père Daniel,
tome Ier, p. 214.

« Les gendarmes des compagnies d'ordonnance étoient gentilshommes,
et ils l'étoient tous encore sous le règne de Louis XII... Le chevalier
Bayard, au siége de Padoue, fit déclarer à l'empereur Maximilien qu'il
n'y avoit pas de gens dans les compagnies d'ordonnance du roi qui ne
fussent gentilshommes... les choses étoient encore à peu près sur ce
pied au commencement du règne de François Ier... »

Extraits d'un mémoire imprimé, fait dans le dix-huitième siècle.

Pour M. Briois de La Mairie, d'Angre et d'Hulluch, contre M. le président Briois, président du conseil d'Artois, contenant des explications
curieuses sur la noblesse d'Artois et ses usages au seizième siècle.

P. 122. A l'exemple d'une foule de nobles de la province, dont l'ému-
lation fut excitée peu de temps après l'érection d'un tribunal supérieur,
Pierre Briois se livra à l'étude des lois et embrassa la profession d'avocat, et ceux de cette profession ne prenoient que la qualité de maître.
Me Jérôme de France, licencié ès-lois, avocat au conseil d'Artois en
1559; Me Nicolas Gosson, portoit les mêmes titres en 1738; Me Jean
d'Auffay, en 1466, Me Jean de Beaufort, en 1513; Mes Adrien, Jean et
Pierre de Belvalet, en 1523, 1549, 1592; Me Robert de Bernemicourt, en
1592; les Landas, Sacquespée, Mont-Saint-Éloy, sont simplement qualifiés maîtres.

P. 180. Sous François Ier, les nobles de l'Artois s'empressoient à remplir les fonctions de la magistrature, et le roi désiroit qu'il en fût de même dans son royaume.

P. 21. Jadis et jusqu'à la fin du seizième siècle, les nobles négligeoient de prendre les qualifications de chevalier et d'écuyer, croyant que leur état et leur nom étoient assez connus.

P. 86. Il y avoit fort peu de nobles au bon vieux temps, dit d'Argentré, quelque nobles qu'ils fussent, qui prissent cette qualité de nobles, et ils se contentoient de leurs simples noms et seigneuries.

P. 125. L'interruption de la qualité de noble par l'emprise du titre de maître, d'avocat, de licencié ès-lois, de juge, de médecin, de maître ès-arts, n'a jamais été regardée comme nuisible à ceux qui ont préféré ces dernières qualités ; on a considéré que de semblables professions faisoient souvent dans le monde l'établissement de plusieurs nobles, considérant que l'exercice d'une justice subalterne étoit glorieux au public, que la médecine étoit un art presque divin ainsi que le barreau, et que ces professions ne pouvoient que donner un nouveau lustre à la noblesse, loin de la faire perdre.

P. 127. On ne conçoit pas que l'on ait pu avancer que la profession de procureur dérogeoit à la noblesse ; des Gosson, des d'Aubremetz et nombre d'autres qui eurent depuis des places éminentes, passèrent par celle de procureur.

P. 85, 86. « Le temps passé, dit Loiseau, l'ancienne noblesse de France n'étoit pas si glorieuse ; les gentilshommes servoient les seigneurs. Jean de Baillencourt, dit Courcal, étoit bailly d'Adinfer ; Jacques de Martigny, bailly de Carency, père de messire Louis de Martigny, chevalier, président du conseil d'Artois en 1547 ; Georges de Bernemicourt, bailly de Beaumetz lès Cambrésis ; Gilles de Wazières, seigneur de Gozoncourt, et Robert de Boufflers, seigneur de Louverval, baillis de Beaumetz et de Metz en Couture, en 1561 et 1574 ; Antoine de Ricametz, bailly d'Hébuterne, ne perdit pas sa noblesse en remplissant cet office... »

(On pourrait citer une infinité d'exemples de ces gentilshommes qui remplissaient l'office de baillis de simples seigneuries. Le bailli remplaçait le seigneur et était une espèce de gardien, juge et défenseur de la terre et de ses vassaux.)

Extrait des mémoires généalogiques de D. Le Pez.

Fragment généalogique de La Personne. Porte de *sinople à la bande d'argent.*

1. Jean de Verloing, chevalier, seigneur dudit lieu, épousa la fille du seigneur d'Érin, qui portoit d'*argent au créquier de sable*, dont plusieurs enfans avec lesquels il se distingua dans la terre sainte, en récompense de quoi le pape lui donna la dignité de personnat de Saint-Pol, pourquoi il prit ainsi qu'une partie de ses descendans le surnom de Personne. Ses enfans furent : 1° Antoine, qui forma la branche aînée, fut chevalier, seigneur de Verloing Hersin, personnat de Saint-Pol, allié

à Marie d'Ailly, dame de Flers et de Flammermont, et sus Saint-Léger, laquelle portoit *échiqueté d'azur et d'argent*, d'où Georges, Jean, chevalier de Rhodes, Lancelot, chevalier, allié à Blanche de Flammermont, et Marie dame d'Hersin, femme de Tassart de Beaufort, fils de messire Guion de Beaufort; ledit Georges de La Personne, chevalier, seigneur de Verloing, Flers, Flammermont sus Saint-Léger, personnat de Saint-Pol, épousa Éléonore de Lens, qui portoit *écartelé d'or et de sable*, d'où Raoul, Georges, Robert, Jeanne, alliée à Jean de La Personne, dit Le Petit, son cousin, et Marie. Ledit Raoul ou Regnault, chevalier, seigneur de Verloing, Flers sus Saint-Léger, épousa Marie de Berghes Saint-Winnock, fille de Philippe, chevalier, seigneur de Cohen, et de Robine d'Ollehain, et veuve de M. Guy de Renty; d'où Marie, héritière d'Olle-hain, alliée à Aymon d'Esnes, qui portoit de *sable à 10 losanges d'argent*, et vendit Flers et Flammermont; Margueritte, religieuse, et Catherine; 2° Jean, qui suit; 3° Georges, qui conserva ainsi que sa postérité le nom de Verloing; 4° Anne de Verloing; 5° une autre fille.

2. Jean de La Personne, écuyer, brisa ses armes d'une *espèce de mouche de sable en chef*, allié à Ide du Fay, fille de la maison d'Érin, nommée aussi Jeanne de Érin, dame de Brequaussart, d'où Jean, qui suit, autre Jean, Raoul, marié, Jacques, écuyer, père de Antoinette, alliée à Antoine de Fenin.

3. Jean de La Personne, écuyer, dit le Petit, parce qu'il était petit comme un nain; une partie de ses descendans conserva le surnom de Le Petit; il vivoit en 1402, et épousa Alix de Tilly, qui portoit d'*or à la fleur de lys de gueules*, fille de Tassart de Tilly, écuyer, et de Jacqueline de Humières, d'où Jean qui suit.

4. Jean de La Personne, dit Le Petit, écuyer, allié à Jeanne de La Personne, dite aussi Jeanne Personne fille de Georges, chevalier, seigneur de Verloing, et de Léonore de Lens, d'où Tassart, qui suit, Georges, Jacques, Anne, Madeleine, alliée à Hugues Paliars, écuyer, et Antoinette.

5. Tassart de La Personne, dit Le Petit, écuyer, grand bailly de la comté de Saint-Pol, épousa N. de Souastre, qui portoit *de sinople fretté d'argent*; d'où Louis, allié à la fille du seigneur d'Ourton, Regnaut qui suit, et 3 filles.

6. Regnault de La Personne, dit Le Petit, écuyer, seigneur de Moreaucourt et de Conteville, succéda aux plaines armes après la mort de ses neveux, et possédoit beaucoup de fiefs. Allié à Alardine Brousset, sœur du seigneur de Beaurepaire, qui portoit *un lion dans ses armes*, d'où 1° Jean, qui continua la postérité; 2° Henry, écuyer, seigneur de Moreaucourt, allié à Jacqueline de Sains, qui portoit *d'argent à 2 fleurs de lys de gueules, au franc quartier de même*, dont il eut Nicolas, écuyer, seigneur de Moreaucourt, Inguehen, Torcy, Neuville, Bernaville, valet de chambre et gentilhomme de Louis XII, roi de France, capitaine et gouverneur d'Arras, mort en 1515, sans enfans, de Claire de Cunchy, fille de Jean, seigneur de Libessart et de Blesellemont, et de Jeanne de

Marchenelle, et plusieurs filles ; 3° Alard, écuyer, seigneur de Conte-
ville, allié à Jeanne de Lescové ou de Le Gove, qui portoit d'*argent a
3 bandes d'azur à la bordure de gueules,* fille de Jean et de Jeanne Le
Vasseur dit Le Mire, dont postérité ; 4° Madeleine, femme de Robert de
Le Gorgue, écuyer, homme d'armes ; 5° Marie, femme de Henry de La
Diennée, écuyer, seigneur de Noyelles ; 6° Martine, femme de Gilles de
La Diennée, écuyer, frère de Henry ; et encore d'autres filles.

(Le père Anselme parle des La Personne, vicomtes d'Acy.)

QUIÉRET. Cette ancienne maison d'Artois et de Picardie portoit d'*hermines à 3 fleurs de lys au pied nourri de gueules.* Tous les auteurs
généalogiques ont parlé de cette maison sous les noms de Kiret, Chérech, Kereth, Quiéret. Jacques Quiéret paroît au nombre des chevaliers
du tournoi [d'Anchin, en 1096 (*Carpentier*). Adam Chérech est témoin
de donations faites en 1137 à l'abbaye de Cercamp, par Hugues Can-
davesue, comte de Saint-Pol, et par Anselme de Pas (*Aub. Le Mire*).
Adam de Kéreth donne à l'abbaye de Saint-Josse la terre de Crépigny,
en 1144. Adam Quiéret, plége de Enguerrand, comte de Saint-Pol, en
1145 (*Carpentier*). Henry Kiret, époux d'Édèle de Doullens, fille de
Geoffroy, chevalier, vers 1215. Adam Quiéret, plége pour Hugues, comte
de Saint-Pol, vers le roi, en 1198, avec Baudouin de Dours, Baudouin
d'Aubigny et Baudouin de Créquy. Hue Quiéret, chevalier, seigneur de
plus de 20 terres, en Ponthieu et en Artois, et l'un des plus grands seigneurs du pays, eut pour sixième fils Huon, chevalier, qui eut la terre
de Wignacourt, allié à Charlotte de Viefville, dont descend la maison de
Vignacourt (*D. Le Pez*). Hugues Quiéret, amiral de France en 1336,
mort de ses blessures dans un combat naval contre les Anglois, en 1338.

Le Quien. Pierre Le Quien, chevalier, paroît dans une charte de
l'abbaye de Cantimpré, de l'an 1186 (*Carpentier*). Jacques Le Quien,
chevalier, assiste à une donation d'Enguerrand, 4e sire de Coucy, à
l'abbaye de Cantimpré, en 1265 (*id*). Carpentier dit que cette maison est
sortie de celle de Saint-Hilaire.

Le Quien porte d'*or à une croix anchrée de gueules.* Autre Le
Quien, *d'azur à 3 chiens d'or passans.* Autre, *d'azur à 3 chevrons
d'or.*

Raoul Le Chien est témoin d'une charte de Guillaume, comte de Ponthieu, en faveur des léproux d'Abbeville, en 1209.

Jean Le Quien, archer des ordonnances du roy sous le comte de Saint-
Pol, en 1470. (*Collection Gaignaires*.) Jean Le Quien, demeurant à
Gamaches, avec Catherine Boulon, sa femme, fille de Jean, mayeur
d'Abbeville, et de Jeanne Briet, père de Oudard Le Quien, écuyer, seigneur de Soulas, archer des ordonnances du roi, demeurant à Gamaches
en 1578.

De La Porte. Il y a eu quantité de familles anciennes de ce nom en
Flandre, Artois et Picardie ; Carpentier, en l'Histoire de Cambray, dit
qu'il en connoît 60 ; il donne les armes de quelques-unes.

Lescouvé. Selon D. Le Pez, Jeanne et Antoinette de Lescové, filles de Jean et de demoiselle Jeanne Le Vasseur, dit Le Mire, épousèrent Alard de La Personne et Jean de Le Gorgue; Floris Vander Haer, parlant de ladite Jeanne, la nomme Jeanne de Le Gove.

Florence de Lescové, alliée à Anthoine de Béthencourt, chevalier, seigneur de Pernin, vivant vers 1560, père de Philippe, chevalier, seigneur de Carency (*D. Le Pez*). Cet auteur leur donne pour armes *d'argent à 3 bandes d'azur*, et ajoute quelquefois une *bordure de gueules*.

La collection Gaignaires cite Jean Lescové, archer des ordonnances, sous Robinet du Quesnoy, en 1475; Julien Lescouvé, archer des ordonnances du roi sous Jean, seigneur de la Gruthuse, en 1499 et 1510. Jeannet Lescouvé, archer des ordonnances sous M. de la Gruthuse, en 1504 et 1510, et Jacques Lescouvé, archer des ordonnances sous messire Robert de Framezelle, en 1502.

Oguier. Jean Oguier, archer des ordonnances du roi sous M. de Pontremy, passe la revue à Montreuil les 25 janvier et 14 mai 1525. (*Collection Gaignaires*, vol. 19.)

Du Flos. Carpentier parle d'une ancienne maison de ce nom en Cambrésis, qui tirait son nom de la seigneurie du Flos, située à Marcoing, qui s'allia dès 1201 à celles de Marcoing et de Crévecœur, et portait *échiqueté d'or et de gueules au chef de vair*.

Guillaume du Flos, écuyer, licencié ès lois, demeurant à Saint-Pol, qui épousa Claire de Le Gorgue, vers 1530, portait (le manuscrit de M. de Sars, à la bibliothèque de Valenciennes, donne pour armes à Guillaume du Flos, écuyer, mari de Claire de Le Gorgue, *échiqueté d'argent et de gueules de 6 ordres au chef vairé d'argent et d'azur de 2 fasces) d'or au chevron d'azur chargé de 3 trèfles d'or*, et descendait de Jean du Flos, sieur de fiefs à Bernicourt, en Artois, y demeurant, anobli par lettres du mois de juillet 1473, enregistrées à Lille; Guillaume fut père de Ferry, allié 1° à Jeanne Le Bailly, sœur de Pierre, allié à N. de Belvalet; 2° à Claire Regnault; 3° à Margueritte du Gardin, d'où Anne du Flos, mariée en 1588 à Philippe Cornailles, écuyer, sieur d'Oppy, conseiller au conseil d'Artois.

Jean du Flos de Blaissel, Pierre du Flos, Guy du Flos, demeurant à Azincourt, Tassart du Flos, demeurant à Trois Fétus, Jean du Flos, demeurant à Bernicourt, époux de Margueritte de Le Pesqueur, Jacquenin du Flos, demeurant à Esclimeux, et Pierre du Flos, demeurant à Blangy, tenaient tous des fiefs du comté de Saint-Pol en 1473. (*Arch. de Lille.*)

La Vacquerie porte *échiqueté d'argent et d'azur*.

1. Messire N. de La Vacquerie, dit Le Long, chevalier, père de

2. N. de La Vacquerie, écuyer, sieur de Belleforière, père de

3. Roland de La Vacquerie, écuyer, sieur de Belleforière, allié à Margueritte Danel, dont 1º Mathieu, écuyer, allié à Margueritte de Landas, ayeul de Jean de La Vacquerie, chevalier, premier président au parlement de Paris sous Louis XI ; 2º Robert qui suit.

4. Robert de La Vacquerie, écuyer, brisa ses armes d'un canton de Vignacourt, allié à Jeanne de Griboval, fille de Gallois, sieur dudit lieu, d'où :

5. Jean de La Vacquerie, dit Hannotin, écuyer, vivant en 1428, allié à Blanche de Tilly, dame de Bullecourt à Piermont, fille de Baudoin écuyer, d'où

6. Hues de La Vacquerie, écuyer, seigneur de Bullecourt, demeurant à Piermont et à Saint-Pol, lieutenant général du comté de Saint-Pol, sous la charge de messire Gilles de La Viéville, chevalier, sénéchal dudit comté ; allié à Philippote Le Tellier ou Thillier, veuve en 1541, fille de Jean, écuyer, et de Bonne de Braquepot, dit de Castre ; d'où 1º Charles qui suit ; 2º François, écuyer, demeurant à Séricourt lès Frévent en 1548, allié à Catherine de Séricourt, dame dudit lieu ; 3º Charlotte, alliée à Guillaume Obert, écuyer, sieur de Couvry, Plumoison et des Préaux, dont suite ; 4º Jacqueline, femme de Noël du Mesguehen, écuyer, demeurant à Thiembronne ; 5º Anne, femme d'Adrien du Haulpas, demeurant à Saint-Pol en 1540.

7. Charles de La Vacquerie, écuyer, sieur de Bullecourt à Pierremont, au comté de Saint-Pol, lieutenant général du comté de Saint-Pol, mayeur de Saint-Pol, marié, le 24 janvier 1541, à Claire de Le Gorgue, fille de Jean, conseiller en cour laie, écuyer, mayeur de Saint-Pol, et de Antoinette de Lescové ; d'où Charles qui suit, et Martine sans alliance.

8. Charles de La Vacquerie, écuyer, sieur de Bullecourt, lieutenant général de la châtellenie d'Oisy, bailly de Bailleul, Saint-Marcq... Allié à Walburge de Wignacourt, fille de Robert, écuyer, seigneur d'Erlincourt, Willerval et Rolencourt en Liévin, et de demoiselle Suzanne Bauduin ; il fut inhumé avec sa femme en l'église des Carmes d'Arras, dont suite.

———

LION DE LA GORGUE,

HOMME D'ARMES, ET

ALEXANDRE DE LA GORGUE,

ARCHER DES ORDONNANCES DU ROI.

Extrait de titres de famille.

Roole original en parchemin de la monstre et reveue faicte en armes à Boullougne le   jour de février mil cincq cent cinquante sept de nombre d'une compagnie de cinquante lances, des ordonnances du roi, nostre sire, estant soubs la charge et conduicte de monseigneur de Danville, leur cappitaine. F...   Allemant, chevalier, sieur de Pasquier, commissaire ordinaire des guerres, commis et ordonné à faire ladite monstre et reveue suyvant laquelle payement a esté faict auxdits.

François Pineau, payeur de ladite compagnye, de leurs gaiges et soulde, tant anciens que ceux qui puis naguères leur ont esté ordonnés par ledit sieur, qu'aussy pour la commutation des utancilles et desbris de logis, naguères accordé par le peuple au roy, nostre dit seigneur, pour le quartier d'octobre, novembre et décembre derniers, passés pour servir à l'acquit de Me François de Raconis, conseiller dudit sieur et trésorier ordinaire de ses guerres, desquels hommes d'armes et archers, les noms et surnoms sensuyvent.

PREMIÈREMENT.

Monsieur de Dampville, cappitaine.
Antoine d'Oraison, lieutenant.
Ypolite Fezongue, enseigne.

François de La Noue, guidon.
Bartelemi Poret, maréchal des logis.

HOMMES D'ARMES.

Georges de Montmorency.
Jehan Esermes.
Gourdin de La Brevilles.
Cæsar Manez.
Jehan d'Auguirs.
Anthoine du Mesnil.
Jehan de Vaulx.
Pierre Maillard.
Jehan Crialèze.
Jehannin Baisse.
Denis de Tourville.
Jehan Morel.

Nicolas Cabre.
Jehan de Floray.
Guion de Lingault.
François de Corbie.
Travaquin de Moy.
Pierre d'Aubin.
Lion del Gorgue.
Le baron de Saxe.
Augustin de Cresmes
Anthoine de La Bréville.
Jehan d'Andouyns.
Riz de Veronne.

Jehan Alexandre.
Jehan de Cléra.
Ambroise de Savonne.
Guillaume de Chamboray.
Rally Plezy.
Georges Monchacle, le jeune.
Mathieu de La Barthe.
Piètre de Biat.
Pierre Diannous.
Bartholome de Bresse.
Bertrand de Montesquieu.

Berthole de Condongné.
Jehan de La Roue.
Guy d'Aigueperce.
Paule de Condongne.
Jacques de Caumont.
Piètre Anthonio de Gaubelot.
Anthoine de La Porthe.
Jacquemin Poianne.
Jehan du Pen.
Guyon de Thevye,

ARCHERS.

Bernardin Ménochy
Thomas Casserou.
Jehan de Belloy.
Alexandre de Joucony.
Pierre de Nouviou.
André Grandjou.
Georges Crialèze, le jeune.
Anthoine de Montesquieu.
Jehan de Mazaucourt.
Pompéan de Bresse.
Charles de Ville.
Bernard de Clérat.
Jehan Anthoine de Cresmes.
Théolde de Quiotaine.
Riz de Bresse.
Georges Papagno.
Marc Anthoine de Bresse.
Toussaints de Becquary.
Yves de Maillé, dit Malguiretaulde.
André Monchacle.
Maurice de Perrin.
Georges Crialèze, l'esné.
Gabriel de La Barthe.
Georges Turcque.
Paulle de Carmagnolle.
Piètre Crialèze.
Piètre d'Ast.
Jacquin d'Aulezy.
Nicolas Gerrayde.
Pierre de Longuecombe.
Annibal Ysob.
Georges Monchale, l'esné.
Laurens de Florent.
Georges Bodet.
André d'Autaige.
Amaulry Mourenze.
Marcilly Plezy.
Monetto Trotto.

Ozias de Canadelle.
Jehan Gollanno.
Pierre Le Franz.
Nicolas du Vernet, dit Donjon.
Silvestre de Cresme.
Lazarre Sully.
Anthoine d'Arbisse.
Georges Gerrayde.
Jehan Mathieu de Condongne.
Pierre Tacite.
Alexandre del Gorgue.
Bartolome Perrez.
       de Condongne.
Guillaume de La Poincte.
Jeronime Estraubin.
Michel d'Espalettro.
Jehan Moran, dit Guicegue.
François Rabault.
Jehan Marie de Gambellot.
Andréa de Condongne.
André de Gateman.
Bernard Girard, fourrier.
Jehan Piètre de Suze.
Francisque de Condongne.
Nicolas Lucqu'eu.
Sauville au Cavron.
Jacome Sirotto.
Claude de Fourcey.
Biazin d'Abust.
Claude du Chesne.
Piettre Barba.
Carlo de Montelho.
Georges Lusia.
Jhérosme Carpasse.
Trompette.
Jehan Rodde.
Trompette.
Me Hillaire Triboult, cirurgien.
Guillaume Le Roux dit Pontalan.

Nous, André Lallemant, chevalier, seigneur de Pasquier, commissaire
ordinaire des guerres, certifions messieurs les gens des comptes du roi
nostre sire, à Paris, et tous autres qu'il appartiendra avoir vu et visité

par forme de montre et reveue tous les dessus nommés et escripts, cinquante hommes d'armes et soixante-quinze archers, du nombre de cinquante lances des ordonnances dudit seigneur, estans soubs la charge et conduitte de monsieur de Danville, chevalier de l'ordre, leur cappitaine, sa personne y comprise, lesquels hommes d'armes et archers nous avons trouvés en bon et suffisant estat et habillemens de guerre pour suivre ledit seigneur tant au fait desdites guerres que partout ailleurs où il lui plaira les employer, capables d'avoir, prendre et recevoir les gaiges et souldes à eux ordonnés par ledit seigneur, tant anciens que ceulx en augmentation d'iceulx, comme aussi pour la commutation des ustancilles et desbrigs de logis, naguères accordés par le peuple audit seigneur, pour le quartier d'octobre, novembre et décembre derniers passés, qui est au fur de trente-six livres six sols huit deniers par mois, pour chacun desdits hommes d'armes, et dix-huit livres trois sols quatre deniers pour chacun desdits archers, aussi par mois, y compris ladite commutation. En tesmoing de ce nous avons signé le présent rolle de nostre main et à icelle fait mettre le scel de nos armes, le huitiesme dudit mois de février l'an mil cinq cent cinquante sept. (*La signature et le scel sont enlevés.*)

En la présence de moi, Pierre Le Bel, contrerolleur ordinaire des guerres, tous les dessus nommés et écrits, cinquante hommes d'armes et soixante quinze archers du nombre de cinquante lances, des ordonnances du roy nostre sire, estant soubs la charge et conduite de monsieur de Danville, chevallier de l'ordre, leur cappitaine, sa personne y comprise, ont confessé avoir eu et receu comptant de M° François de Raconis, conseiller du roi et trésorier de ses guerres, par les mains de François Pineau, payeur de ladite compagnie de cinquante lances, la somme de neuf mil quatre cens quarante-cinq livres dix-sept sols tournois à eux ordonnés par ledit seigneur, pour leurs gaiges et solde... chacun d'eux, particulièrement, se sont tenus pour contens et bien payés, et en ont quicté et quictent lesdits M° François de Raconis. trésorier, et Pineau, payeur, dessus nommés et tous aultres. Tesmoing mon seing manuel, cy mis le 10° jour dudit mois de février, l'an mil cinq cens cinquante-sept. Signé Lebel.

Paris. — Typographie de A. Lainé et J. Havard, r. des Saints-Pères, 19